기 적 의

맞춤법
띄어쓰기

초등학생 99%가 틀리는
한글 맞춤법 완전 정복 프로젝트

초등 1~3학년

1권

엄은경, 권민희 지음

길벗스쿨

기적의 맞춤법 띄어쓰기 1권

초판 1쇄 발행 2016년 10월 25일
개정판 1쇄 발생 2024년 7월 1일

지은이 엄은경, 권민희
발행인 이종원
발행처 길벗스쿨
출판사 등록일 2006년 6월 16일
주소 서울시 마포구 월드컵로 10길 56
대표 전화 02)332-0931 | **팩스** 02)322-3895
홈페이지 www.gilbutschool.co.kr | **이메일** gilbutschool@gilbut.co.kr

기획 및 책임 편집 신경아(skalion@gilbut.co.kr) | **제작** 이준호, 손일순, 이진혁
영업 마케팅 문세연, 박선경, 박다슬 | **웹 마케팅** 박달님, 이재윤, 나혜연 | **영업 관리** 김명자, 정경화 | **독자 지원** 윤정아

표지 디자인 스튜디오 수박 studio-soopark.com | **본문 디자인** design Vita 이차희 | **표지 일러스트** 조성호 | **본문 일러스트** 유재영
전산 편집 디자인 소풍 고수영, 최윤영 | **교정 교열** 박은숙
인쇄 상지사 | **제본** 상지사

▶ 잘못된 책은 구입한 서점에서 바꿔 드립니다.
▶ 이 책에 실린 모든 내용, 디자인, 이미지, 편집 구성의 저작권은 길벗스쿨과 지은이에게 있습니다.
  허락 없이 복제하거나 다른 매체에 옮겨 실을 수 없습니다.

ISBN 979-11-6406-760-2 64710
     (길벗스쿨 도서번호 10991)
정가 13,000원

독자의 1초를 아껴 주는 정성, 길벗출판사
길벗스쿨 국어학습서, 수학학습서, 유아콘텐츠유닛, 어학학습서, 어린이교양서, 교과서
길벗 IT실용서, IT/일반 수험서, IT 전문서, 경제실용서, 취미실용서, 건강실용서, 자녀교육서
더퀘스트 인문교양, 비즈니스서

초등 1학년 아이에게 '국을 먹어요.'라는 문장으로 받아쓰기 연습을 시키던 중이었습니다. "'국을'과 '먹어요'에서 ㄱ 받침은 뒤의 ㅇ 자리로 넘어가서 소리 난단다. 그렇지만 쓸 때는 받침을 그대로 살려서 써야 해."라고 말했더니 아이가 난데없이 묻습니다. "그럼 ㅇ은 어디로 갔어요?" ㅇ은 소릿값이 없다는 것을 이해시키기가 어려워, ㅇ은 유령이어서 ㄱ이 오면 사라진다고 둘러댔지요. 아직 논리적인 설명을 받아들이기 힘든 초등 저학년 아이들에게 한글 맞춤법 규칙을 가르치기는 어렵습니다. 하지만 초등 저학년 시기에 맞춤법은 아주 중요합니다. 맞춤법은 문자를 통해 정확하고 효과적으로 의사소통을 하기 위한 규칙으로, 다른 과목 학습의 바탕이 되기 때문이지요. 이 시기에 맞춤법을 다져 놓으면 청소년이나 성인이 되어서 맞춤법 실수로 망신을 당하거나 실력을 폄하 당하는 일도 없을 것입니다.

"거짓말하면 안 되." (×)
"나도 같이 갈께." (×)

이것은 이 책을 기획하는 단계에서 모아 본, 초등학생들의 맞춤법 실수 사례들입니다. 이처럼 초등학생들의 맞춤법 오류는 소리 나는 대로 적는 데에서 오는 실수가 대부분입니다. 한글 맞춤법 총칙 제1항에 '한글 맞춤법은 표준어를 소리대로 적되, 어법에 맞도록 함을 원칙으로 한다.'라고 되어 있습니다. 이 말은 한글이 소리 나는 대로 적는 글자이기는 하지만, 소리 나는 대로만 적어서는 안 된다는 뜻이에요. 그래서 한글 맞춤법 지도는 낱말의 소리와 모양의 관계를 먼저 생각해 보게 하는 데에서 출발해야 합니다.

한글 맞춤법은 그 원리가 발음 규칙과 맞물려 있습니다. 따라서 무조건 외우기보다 소리와 모양의 연관 관계를 바탕으로 원리를 이해하면 훨씬 효과적으로 맞춤법을 익힐 수 있습니다. 하지만 초등학생들이 그 원리를 이해하기는 쉽지 않지요. 그래서 이 책에서는 맞춤법 규칙이 적용되는 예를 제시하되, 말로 설명하는 대신 도식과 표를 사용하여 맞춤법 원리를 감각적으로 이해할 수 있게 했습니다. 그리고 유사한 규칙에 적용되는 여러 낱말을 집중적으로 연습하는 과정을 통해 은연중에 규칙을 인식하고 맞춤법을 터득할 수 있도록 했지요.

특히 맞춤법 교정이 필요한 아이들에게 실질적인 도움을 주고자, 이 책의 기획 단계부터 아이들의 맞춤법 오류 사례를 모아서 분석하고 오류 빈도가 높은 낱말들을 뽑되, 이를 한글 맞춤법 규정에 맞추어 배열하고 체계화했습니다. 학습 내용을 구성할 때는 아이들의 연령과 실생활을 고려해서 낱말을 선정하고 쓰기 연습을 할 수 있도록 하였습니다.

이 책으로 공부하면 아이들은 낱말을 귀로 들을 때와 글씨로 쓸 때 어떻게 다른지를 비교하여 파악하고, 낱말을 정확하게 듣고 발음하는 습관을 기르고, 낱말의 바른 형태를 눈여겨보며 맞춤법에 맞게 낱말을 쓸 수 있게 될 것입니다. 또한, 맞춤법의 기본기를 탄탄하게 익히고 나면, 그 바탕 위에서 국어 능력은 물론 전반적인 교과 학습 능력을 보다 향상 시킬 수 있게 될 것입니다. 모쪼록 이 책을 통해 아이들의 맞춤법 기본기가 탄탄해져 국어 자신감을 높일 수 있기 바랍니다.

끝으로, 부끄러움을 무릅쓰고 맞춤법 실수 사례를 보내 준 친구들에게 고마운 마음을 전합니다.

엄은경, 권민희

차례

◇ 준비 공부 **한글 자모음** ——————— 10쪽

소리와 모양이 달라요

1 받침이 뒤로 넘어가서 소리 나는 말

ㄱ 받침 ——————— 14쪽
ㄴ 받침 ——————— 18쪽
ㄷ 받침 ——————— 22쪽
ㄹ, ㅁ 받침 ——————— 26쪽

띄어쓰기 특강 **1** ——————— 30쪽
종합 평가 **1** ——————— 32쪽

ㅂ, ㅅ 받침 ——————— 34쪽
ㅈ, ㅊ 받침 ——————— 38쪽
ㅋ, ㅌ, ㅍ 받침 ——————— 42쪽
ㄲ, ㅆ 받침 ——————— 46쪽

띄어쓰기 특강 **2** ——————— 50쪽
종합 평가 **2** ——————— 52쪽
말놀이 ——————— 54쪽

2 받침이 대표 소리로 나는 말

대표 소리 [ㄱ] ——————— 56쪽
대표 소리 [ㄷ] ——————— 60쪽
대표 소리 [ㅂ] ——————— 64쪽

띄어쓰기 특강 **3** ——————— 68쪽
종합 평가 **3** ——————— 70쪽
말놀이 ——————— 72쪽

3 된소리가 나는 말

ㄱ, ㄷ, ㅂ 받침 뒤에 나는 된소리 ——————— 74쪽
ㄴ, ㄹ, ㅁ, ㅇ 받침 뒤에 나는 된소리 ——————— 78쪽

띄어쓰기 특강 **4** ——————— 82쪽
종합 평가 **4** ——————— 84쪽
말놀이 ——————— 86쪽

받아쓰기 할 때 잘 틀려요

4 헷갈리기 쉬운 낱말

ㅐ와 ㅔ가 들어 있는 낱말 ——————— 88쪽
ㅔ가 들어 있는 낱말 ——————————— 92쪽
ㅘ가 들어 있는 낱말 ——————————— 96쪽
ㅝ가 들어 있는 낱말 ——————————— 100쪽

띄어쓰기 특강 **5** ——————————— 104쪽
종합 평가 **5** ————————————————— 106쪽
말놀이 ——————————————————————— 108쪽

낱말의 쓰임새가 달라요

5 뜻에 맞게 구별해서 써야 할 말

가리키다 / 가르치다 ——————————— 110쪽
날다 / 나르다 ——————————————————— 112쪽
다르다 / 틀리다 ——————————————— 114쪽
맞추다 / 마치다 / 맞히다 ——————— 116쪽
버리다 / 벌리다 / 벌이다 ——————— 118쪽
앉다 / 않다 ——————————————————————— 120쪽
잃어버리다 / 잊어버리다 —————— 122쪽
적다 / 작다 ——————————————————————— 124쪽

종합 평가 **6** ————————————————— 126쪽
말놀이 ——————————————————————— 128쪽

◇ 정답 ——————————————————————— 129쪽

구성과 특징

준비 학습 본격적인 맞춤법, 띄어쓰기 공부를 하기 전에 이것부터 알고 가요!

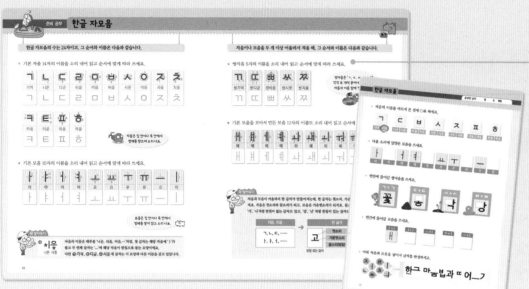

준비 공부
1권에서는 한글 자모음,
2권에서는 문장 부호에 대해
먼저 배우고 들어가요.

본격 학습 하루 4쪽씩 맞춤법을 공부해요!

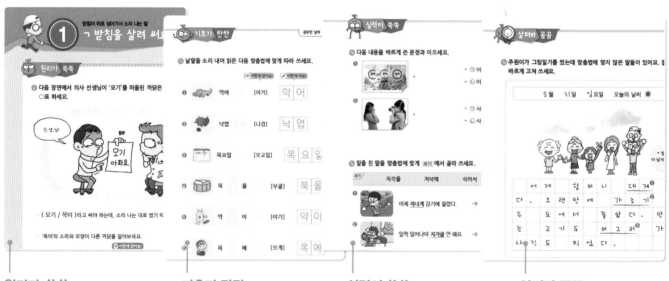

원리가 쏙쏙
그림으로 제시된 생활 속 맞춤
법 오류 사례를 보고, 낱말의
소리와 모양의 관계를 바르게
이해해요.

기초가 탄탄
낱말의 소리와 모양을
비교하고, 맞춤법에 맞게
따라 쓰세요.

실력이 쏙쏙
맞춤법에 맞는 낱말 찾기,
고르기, 옮겨 쓰기, 고쳐 쓰기
등의 활동을 하면서 실력을
쌓아요.

살펴봐 꼼꼼
일기, 편지, 받아쓰기 등의
다양한 형식의 글쓰기 사례를
살펴보고 잘못 쓴 낱말을
바르게 고쳐 써요.

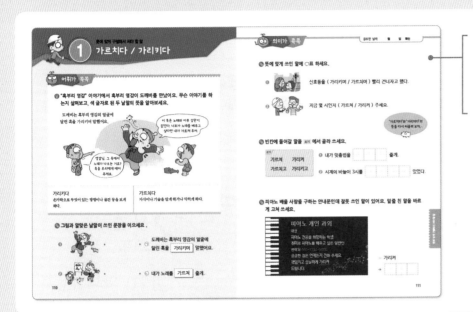

어휘가 쏙쏙
전래 동화의 한 장면을 통해
낱말의 뜻과 쓰임새를 비교해요.

의미가 콕콕
낱말의 쓰임새를
문장과 실생활 속 자료를 통해 확인해요.

* 1권 110쪽, 2권 98쪽부터 시작하는
[뜻에 맞게 구별해서 써야 할 말]은 2쪽 구성입니다.

마무리 학습 단원별 띄어쓰기 특강과 종합 평가로 맞춤법 공부를 마무리해요!

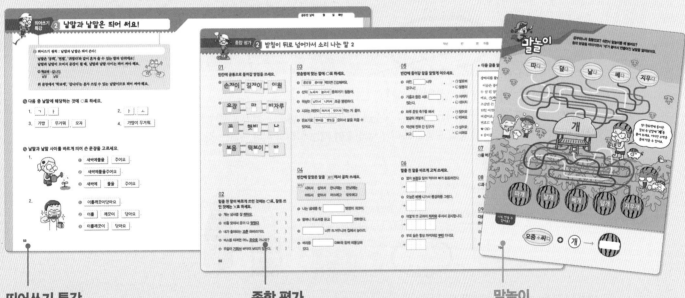

띄어쓰기 특강
한글 맞춤법 띄어쓰기 규정을
이해하고 띄어쓰기에 맞게 글을
옮겨 써요.

종합 평가
앞서 배운 내용을 총정리하면서
맞춤법 실력을 점검해요.

말놀이
재미있는 놀이를 통해 낱말의
형태를 바꾸는 활동을 해요.

친구들이 많이 틀리는 맞춤법 순위 大공개

자신 있게 일기, 독후감 숙제를 제출했지만 돌아오는 것은 맞춤법이 틀렸다는 선생님의 빨간 글씨. ㄱ을 써야 할지 ㅋ을 써야 할지, 모음은 또 얼마나 헷갈리는지! 〈기적의 맞춤법 띄어쓰기〉를 기획하면서 친구들의 맞춤법 실수담을 모아 봤습니다. 친구들이 가장 많이 틀리는 맞춤법 순위를 공개합니다~!

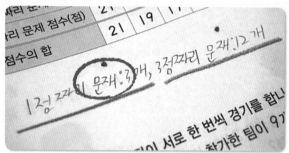

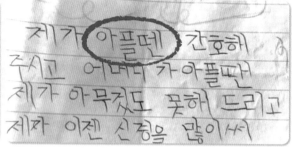

소리가 비슷해도 너무 비슷해! 'ㅐ'와 'ㅔ'

두둥! 가장 많이 틀리는 맞춤법 1위는 바로 'ㅐ'와 'ㅔ'입니다. '모래'와 '모레'는 엄연히 다르다는 점! 친구들은 잊지 말고 꼭 'ㅐ'와 'ㅔ'를 구분해서 적도록 해요!

*〈기적의 맞춤법 띄어쓰기〉 1권 88쪽에서 배워요!

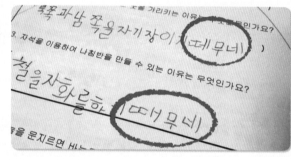

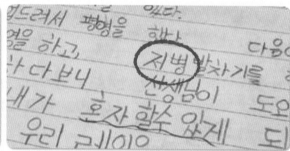

받침이 뒤로 넘어가 ~ 넘어가 ~!

그럼 친구들이 두 번째로 많이 틀린 맞춤법 실수는 무엇일까요? 바로 받침이 뒤로 넘어가서 소리 나는 것에 해당하는 맞춤법 실수랍니다! 받침은 경우에 따라 모양과 소리가 달라도 쓸 때는 살려서 써야 한다는 것. 잊지 마세요!

*〈기적의 맞춤법 띄어쓰기〉 1권 14쪽에서 배워요!

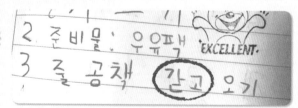

헷갈리는 받침의 발음!

마지막으로 친구들이 가장 많이 틀리는 맞춤법 실수는 바로 '받침의 발음'입니다. 받침 'ㄱ, ㄲ, ㅋ', 'ㅅ, ㅆ, ㅈ, ㅊ, ㅌ', 'ㅂ, ㅍ'은 각각 대표음 [ㄱ], [ㄷ], [ㅂ]으로 발음해요. 어려운 받침은 글자의 모양을 잘 기억해 두는 게 좋아요!

*〈기적의 맞춤법 띄어쓰기〉 1권 56쪽에서 배워요!

어른들도 많이 틀리는 맞춤법 실수는?

"빨리 감기가 나았으면!"

1위
감기 빨리 낳으세요? 낳긴 뭘 낳아!
한글날을 맞아 한 인터넷 사이트에서 대학생들을 상대로 맞춤법 실수 순위를 조사했는데요. 1위는 바로 "감기 빨리 낳으세요."였습니다. '낳다'는 '배 속의 아이, 새끼, 알을 몸 밖으로 내놓다.'라는 의미로 쓰이는 말인데, 감기를 '낳을' 수는 없겠죠? 그러므로 여기서는 '감기 빨리 나으세요.'로 고쳐야 해요!
* 〈기적의 맞춤법 띄어쓰기〉 2권 100쪽에서 배워요!

"또 틀리면 어이없겠죠?"

2위
어이가 없네, 어이가~ 어이(O) / 어의(X)
2위는 바로 '어이없다', '어이가 없다'에서 '어이'를 '어의'로 적는 경우입니다. 어이 또는 어처구니는 맷돌의 손잡이를 이르는 말입니다. 콩을 갈기 위해서는 어이가 있어야 하는데, 손잡이가 없으니까 황당하다는 의미가 탄생한 것이죠. 이제 유래를 알았으니 틀릴 일은 없겠죠? 어이없는 실수하지 말자고요!
* 〈기적의 맞춤법 띄어쓰기〉 2권 80쪽에서 배워요!

3위
나중에 전화할께(X). 맞춤법 틀릴 거면 전화하지 마!
3위는 '-할게'와 '-할께'입니다. 'ㄹ게, ㄹ걸, ㄹ 거야' 등이 들어간 말은 평소에도 자주 사용하죠? 그렇기 때문에 더 헷갈리는 맞춤법 중 하나랍니다. 소리 내어 읽을 때 [께, 껄, 꺼야]와 같이 된소리가 나지만 반드시 예사소리로 적어야 한다는 것 잊지 마세요! ㄲ은 저리 비키시오~!
* 〈기적의 맞춤법 띄어쓰기〉 2권 88쪽에서 배워요!

"앞으로는 주의할게!"

띄어쓰기를 파헤친다! O/X 퀴즈

Q 최초의 띄어쓰기를 한 사람은 세종대왕이다?

A 정답은 X
지금의 띄어쓰기는 놀랍게도 미국 출신의 선교사 호머 헐버트가 만들었습니다. 헐버트는 1896년 서재필, 주시경과 함께 독립신문을 만들었고, 최초로 띄어쓰기를 시행했습니다. 헐버트는 주시경과 함께 한글을 연구하며 띄어쓰기와 점 찍기를 도입했습니다.

Q '띄어쓰기'는 붙이고 '띄어 쓰다'는 띈다!

A 정답은 O
'띄어쓰기'의 경우 '글을 쓸 때 낱말 사이를 규칙에 따라 띄어 쓰는 일'이라는 하나의 용어로 굳어져 한 단어가 되었기 때문에 붙여 써야 합니다. 그러나 '띄어 쓰다'의 경우는 두 동사 '띄다'와 '쓰다' 사이에 연결어미 '-어'가 들어가 있을 뿐이므로 띄어 써야 합니다.

한글 자모음

한글 자모음의 수는 24자이고, 그 순서와 이름은 다음과 같습니다.

◇ 기본 자음 14자의 이름을 소리 내어 읽고 순서에 맞게 따라 쓰세요.

| 기역 | 니은 | 디귿 | 리을 | 미음 | 비읍 | 시옷 | 이응 | 지읒 | 치읓 |

| 키읔 | 티읕 | 피읖 | 히읗 |

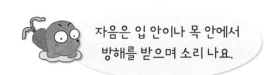
자음은 입 안이나 목 안에서
방해를 받으며 소리 나요.

◇ 기본 모음 10자의 이름을 소리 내어 읽고 순서에 맞게 따라 쓰세요.

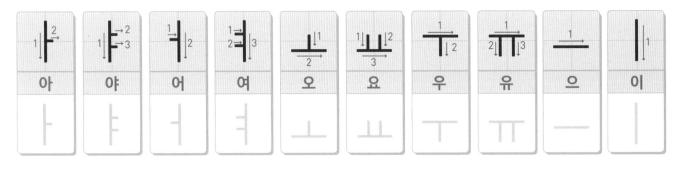

| 아 | 야 | 어 | 여 | 오 | 요 | 우 | 유 | 으 | 이 |

모음은 입 안이나 목 안에서
방해를 받지 않고 소리 나요.

꼭! 알아두기

예 ★이응★
니은 이응

자음의 이름은 대부분 '니은, 리을, 미음,…'처럼, 첫 글자는 해당 자음에 'ㅣ'가
붙고 두 번째 글자는 '으'에 해당 자음이 받침으로 붙는 모양이에요.
다만, ㄱ기역, ㄷ디귿, ㅅ시옷 세 글자는 이 모양과 다른 이름을 갖고 있답니다.

자음이나 모음을 두 개 이상 어울러서 적을 때, 그 순서와 이름은 다음과 같습니다.

◆ 쌍자음 5자의 이름을 소리 내어 읽고 순서에 맞게 따라 쓰세요.

쌍자음은 'ㄱ, ㄷ, ㅂ, ㅅ, ㅈ'을 각각 두 개씩 붙여서 만든 글자로 자음의 이름 앞에 '쌍'을 붙여요.

◆ 기본 모음을 모아서 만든 모음 11자의 이름도 소리 내어 읽고 순서에 맞게 따라 쓰세요.

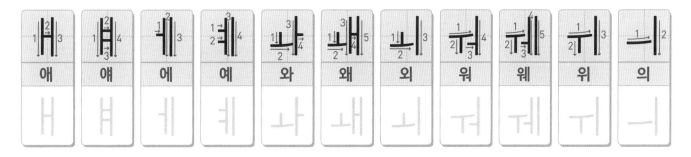

꼭! 알아두기

자음과 모음이 어우러져서 한 글자가 만들어지는데, 한 글자는 첫소리, 가운뎃소리, 끝소리로 이루어져요. 자음은 첫소리와 끝소리가 되고, 모음은 가운뎃소리가 되지요. 끝소리는 받침이라고도 해요. '가', '나'처럼 받침이 없는 글자도 있고, '강', '난' 처럼 받침이 있는 글자도 있어요.

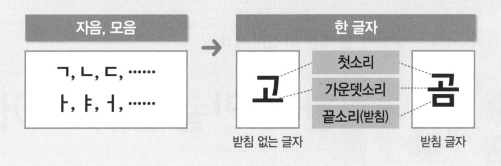

자음, 모음	→	한 글자

ㄱ, ㄴ, ㄷ, ……
ㅏ, ㅑ, ㅓ, ……

고 — 첫소리
가운뎃소리
끝소리(받침) — 곰

받침 없는 글자   받침 글자

공부한 날짜 월 일 확인

◇ 자음의 이름을 바르게 쓴 것에 ○표 하세요.

ㄱ	ㄷ	ㅂ	ㅅ	ㅈ	ㅍ	ㅎ
기억 기역	디귿 디읃	비읍 비읏	시읏 시옷	지읒 지읓	피읖 피읍	히읗 히읏

◇ 다음 소리에 알맞은 모음을 쓰세요.

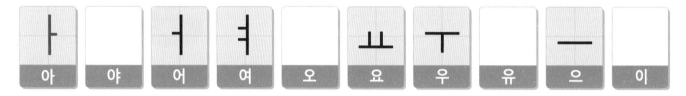

ㅏ		ㅓ	ㅕ		ㅛ	ㅜ		ㅡ	
아	야	어	여	오	요	우	유	으	이

◇ 빈칸에 들어갈 쌍자음을 쓰세요.

ㄱ+ㄱ 꽃

ㄷ+ㄷ □ㅗㅇ

ㅅ+ㅅ □ㅏㄱ

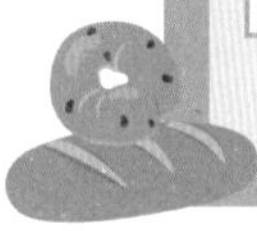
ㅂ+ㅂ □ㅏㅇ

◇ 빈칸에 들어갈 모음을 쓰세요.

ㅏ+ㅣ	ㅓ+ㅣ	ㅗ+ㅏ	ㅜ+ㅓ	ㅡ+ㅣ
ㅐ				

◇ 아래 자음과 모음을 넣어서 글자를 완성하세요.

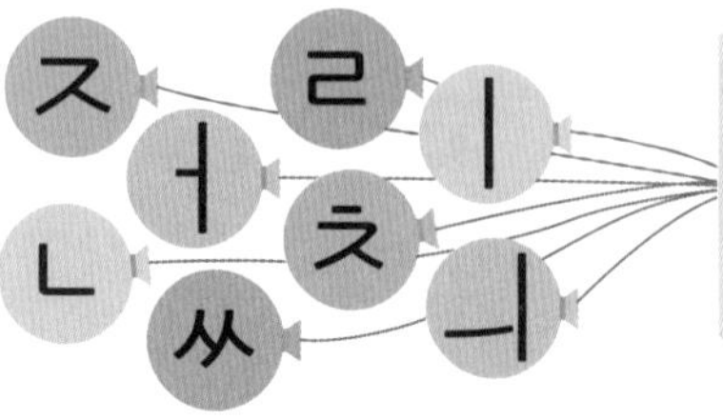

한그 마춤법과 ㄸ 어_기

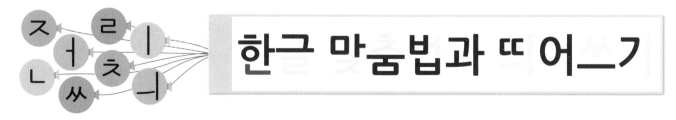

1

받침이
뒤로 넘어가서
소리 나는 말

쓸 때는 받침을
살려서 써야지.

받침이 뒤로
넘어간대.

ㄱ 받침	목이 [모기] 아파요.	14쪽
ㄴ 받침	돈을 [도·늘] 주웠어요.	18쪽
ㄷ 받침	문을 닫아 [다다] 주세요.	22쪽
ㄹ 받침	물이 [무리] 끓으니까	26쪽
ㅁ 받침	더운 김이 [기:미] 나왔다.	
띄어쓰기 특강 1		30쪽
종합 평가 1		32쪽
ㅂ 받침	밥에 [바베] 벌레 들어갔어.	34쪽
ㅅ 받침	맛이 [마시] 이상해.	
ㅈ 받침	낮에 [나제] 보러 가자.	38쪽
ㅊ 받침	꽃이 [꼬치] 피었대.	
ㅋ 받침	부엌에서 [부어케서]	42쪽
ㅌ 받침	냄새를 맡아요 [마타요].	
ㅍ 받침	창문이 높아서 [노파서]	
ㄲ 받침	멸치 볶음 [멸치보끔]	46쪽
ㅆ 받침	맛이 있어서 [이써서]	
띄어쓰기 특강 2		50쪽
종합 평가 2		52쪽
말놀이		54쪽

원리가 쏙쏙

💡 다음 장면에서 의사 선생님이 '모기'를 떠올린 까닭은 무엇일까요? 알맞은 말에
⃝표 하세요.

선..생..님!

모기 아파요.

》 (모기 / 목이)라고 써야 하는데, 소리 나는 대로 썼기 때문입니다.

》 '목이'의 소리와 모양이 다른 까닭을 알아보세요.

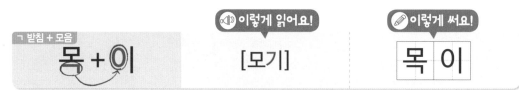

ㄱ 받침 + 모음	🔊 이렇게 읽어요!	✏️ 이렇게 써요!
목 + 이	[모기]	목 이

'목' 뒤에 '이'가 오면 '목이'가 [모기]로 소리 나요. 이처럼 ㄱ 받침 뒤에 모음이 오면
ㄱ이 뒤로 넘어가서 소리 나요.
그렇지만 쓸 때는 ㄱ 받침을 그대로 살려서 써야 해요.

엄마만 보세요 'ㄱ, ㄴ, ㄷ, ㄹ, ㅁ' 받침 뒤의 글자가 모음자로 시작하면 받침이 뒤 글자의 첫소리로 옮겨져서
소리 나기 때문에 글자의 소리와 모양이 달라집니다. 이러한 점에 유의하여 지도해 주세요.

📝 낱말을 소리 내어 읽은 다음 맞춤법에 맞게 따라 쓰세요.

🔊 이렇게 읽어요!   ✏️ 이렇게 써요!

❶ 악어   [아거]   악 어

❷ 낙엽   [나겹]   낙 엽

❸ 목요일   [모교일]   목 요 일

❹ 북 을   [부글]   북 을   쳐요.

❺ 약 이   [야기]   약 이   써요.

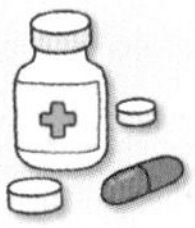

❻ 목 에   [모게]   목 에   걸렸어요.

❼ 먹 다 어요   [머거요]   밥을   먹 어 요 .

❽ 녹 다 아요   [노가요]   아이스크림이   녹 아 요 .

15

✏️ 다음 내용을 바르게 쓴 문장과 이으세요.

- ㉠ 이것은 **구거** 교과서야.
- ㉡ 이것은 **국어** 교과서야.

- ㉠ 사진을 **찌거요.**
- ㉡ 사진을 **찍어요.**

✏️ 밑줄 친 말을 맞춤법에 맞게 고친 것을 보기 에서 골라 쓰세요.

보기			
지각을	저녁에	식어서	작아요

❶ 어제 **저녀게** 감기에 걸렸다. →

❷ 일찍 일어나야 **지가글** 안 해요. →

❸ 동생은 형보다 키가 **자가요.** →

❹ 죽이 **시거서** 먹기 좋아요. →

✏️ 주원이가 그림일기를 썼는데 맞춤법에 맞지 않은 말들이 있어요. 잘못 쓴 말을
바르게 고쳐 쓰세요.

5월   31일   일요일   오늘의 날씨 ☀️

ㄱ 받침을
다 넘겨서 썼군.

	어	제		할	머	니		대	게 ❶		갔
다	.	오	랜	만	에		가	조	기 ❷		모
두		모	여	서		좋	았	다	.	맛	있
는		고	기	도		머	그	러 ❸		가	고
사	진	도		찍	었	다	.				

❶ 대게 → ☐☐

❷ 가조기 → ☐☐☐

❸ 머그러 → ☐☐☐

댁게   댁에

가족이

가족기

먹으러

먹그러

💡 다음 장면에서 여자아이가 왜 글자를 고쳐 써야 한다고 했을까요? 알맞은 말에
○표 하세요.

» (도늘 / 돈을)이라고 써야 하는데, 소리 나는 대로 썼기 때문입니다.

» '돈을'의 소리와 모양이 다른 까닭을 알아보세요.

 '돈' 뒤에 '을'이 오면 '돈을'이 [도:늘]로 소리 나요. 이처럼 ㄴ 받침 뒤에 모음이 오면
ㄴ이 뒤로 넘어가서 소리 나요.
그렇지만 쓸 때는 ㄴ 받침을 그대로 살려서 써야 해요.

📝 낱말을 소리 내어 읽은 다음 맞춤법에 맞게 따라 쓰세요.

🔊 이렇게 읽어요!　✏️ 이렇게 써요!

❶  문어 ➡️ [무너] 　문 어

ㄴ 받침을 살려서 쓰자고!

❷  군인 ➡️ [구닌] 　군 인

❸  어린이 ➡️ [어리니] 　어 린 이

❹  연예인 ➡️ [여ː녜인] 　연 예 인

❺ 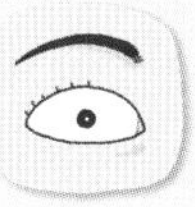 눈 을 ➡️ [누늘] 　눈 을 떠요.

❻  산 에 ➡️ [사네] 　산 에 가요.

❼  신 다 어요 ➡️ [시너요] 　신발을 신 어 요 .

❽  안 다 아요 ➡️ [아나요] 　아기를 안 아 요 .

 맞춤법에 맞는 말에 ◯표 하세요.

❶

저는 2학년 | 3바니에요 | .

저는 2학년 | 3반이에요 | .

❷

할머니께서 | 용돈을 | 많이 주셨어요.

할머니께서 | 용또늘 | 많이 주셨어요.

❸

생선이나 조개 등을 말린 식품을 | 건어물 | 이라고 해요.

생선이나 조개 등을 말린 식품을 | 거너물 | 이라고 해요.

 문장을 소리 내어 읽고, 밑줄 친 말을 바르게 고쳐 쓰세요.

❶

창문

창무늘 열자, 큰 나무가 보였다.

→ 　　　　　　 열자, 큰 나무가 보였다.

❷

사냥꾼

사슴이 **사냥꾸네게** 쫓기고 있어요.

→ 사슴이  쫓기고 있어요.

❸

기린

와, **기리니다**!

→ 와,  !

📝 시연이가 일기를 썼는데 맞춤법에 맞지 않은 말들이 있어요. 잘못 쓴 말을 바르게 고쳐 쓰세요.

8월 15일 월요일	날씨

제목: 산이 도망간다고?

할머니가 계시는 청주에 다녀왔다. 그런데 기차 <u>아네서</u> ❶

조금 창피했다. 창밖을 보던 시우가 아빠한테 <u>사니</u> 도망간다고 ❷

소리쳤기 ❸ <u>때무니다.</u> 기차에 탄 사람들이 모두 웃었다.

하지만 시우는 하나도 안 창피한가 보다. 그래서 내가 가르쳐

주었다. ❹ <u>사는</u> 가만히 있는데 기차가 움직여서

도망가는 것처럼 보이는 거라고 말이다.

ㄴ 받침을 살려 쓰는 게 좋겠어.

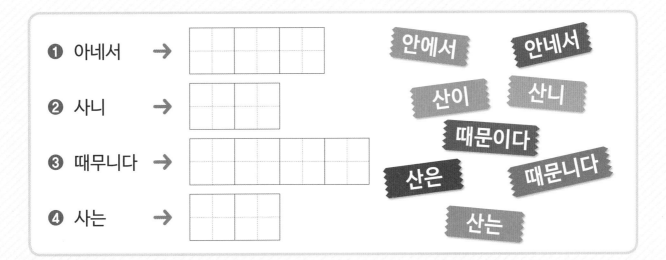

❶ 아네서 →

❷ 사니 →

❸ 때무니다 →

❹ 사는 →

안에서   안네서
산이   산니
때문이다
산은   때문니다
산는

21

원리가 쏙쏙

💡 다음 장면에서 친구들이 글을 보고 바로 이해하지 못한 까닭은 무엇인가요? 알맞은 말에 ○표 하세요.

» (다다 / 닫아)라고 써야 하는데, 소리 나는 대로 썼기 때문입니다.

» '닫아'의 소리와 모양이 다른 까닭을 알아보세요.

'닫아'는 '닫다'에 '-아'가 붙어서 된 말로 [다다]로 소리 나요. 이처럼 ㄷ 받침 뒤에 모음이 오면 ㄷ이 뒤로 넘어가서 소리 나요.
그렇지만 쓸 때는 ㄷ 받침을 그대로 살려서 써야 해요.

받침이 뒤로 넘어가서 소리 나는 말

📝 낱말을 소리 내어 읽은 다음 맞춤법에 맞게 따라 쓰세요.

이렇게 읽어요!   이렇게 써요!

❶ 믿음 ➡ [미듬]   믿음

ㄷ 받침을 살려 주세요!

❷ 맏아들 ➡ [마다들]   맏아들

❸ 뜯 다 어요 ➡ [뜨더요]   포장을 뜯어요.

❹ 돋 다 아요 ➡ [도다요]   새싹이 돋아요.

❺ 닫 다 아요 ➡ [다다요]   창문을 닫아요.

❻ 걷 다 어요 ➡ [거더요]   빨래를 걷어요.

❼ 받 다 아요 ➡ [바다요]   선물을 받아요.

❽ 묻 다 어요 ➡ [무더요]   진흙이 묻어요.

23

◎ 맞춤법에 맞는 말에 ○표 하세요.

❶

떡이 딱딱하게 | 구더서 | 먹을 수가 없어요.

떡이 딱딱하게 | 굳어서 | 먹을 수가 없어요.

❷

심청은 이웃집에서 젖을 | 어더먹고 | 자랐단다.

심청은 이웃집에서 젖을 | 얻어먹고 | 자랐단다.

◎ 문장을 소리 내어 읽고, 밑줄 친 말을 바르게 고쳐 쓰세요.

❶

믿다

나를 **미더** 주는 친구가 있어서 좋아요.

→ 나를 | | | 주는 친구가 있어서 좋아요.

❷

묻다

케첩이 **무더서** 옷이 더러워졌어요.

→ 케첩이 | | | | 옷이 더러워졌어요.

❸

걷다

바지를 **거더** 올리고 냇물에 발을 담갔다.

→ 바지를 | | | 올리고 냇물에 발을 담갔다.

24

살펴봐 꼼꼼

여정이가 독서 기록장을 썼는데 맞춤법에 맞지 않은 말들이 있어요. 잘못 쓴 말을 바르게 고쳐 쓰세요.

책 제목	청개구리의 후회
지은이	모듬
읽은 날짜	5월 4일 금요일
책 내용	아들 청개구리는 엄마의 말을 안 듣고 언제나

반대로만 했다. 산에 가라면 강에 갔고, 문을 다드라고① 하면

열었다. 그래서 엄마 청개구리는 병이 났다. 엄마 청개구리

는 아들을 미들② 수 없었다. 그래서 자기가 죽거든 강가에

무더③ 달라고 했다.

'닫다', '믿다', '묻다'를 잘못 썼네.

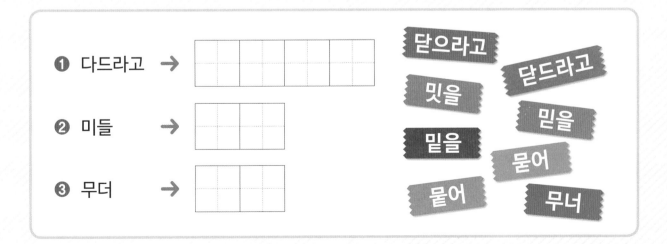

❶ 다드라고 →

❷ 미들 →

❸ 무더 →

닫으라고 닫드라고 밋을 믿을 밑을 묻어 뭍어 무더

25

원리가 쏙쏙

💡 다음 장면에서 부모님이 실험 결과서를 보고 당황하신 까닭은 무엇일지 알맞은 말에 ○표 하세요.

오늘 실험한 것을 정리했어요.

잘했구나. 그런데 '무리'랑 '기미'는…….

과학도 좋지만 국어 공부도 좀 해야겠네.

실험결과
무리 끓음니까 더운 기미 나왔다.

» (무리 / 물이), (김이 / 기미)를 소리 나는 대로 썼기 때문입니다.

» '물이, 김이'의 소리와 모양이 다른 까닭을 알아보세요.

	🔊 이렇게 읽어요!	✏️ 이렇게 써요!
ㄹ 받침 + 모음 물 + 이	[무리]	물 이
ㅁ 받침 + 모음 김 + 이	[기:미]	김 이

'물'과 '김' 뒤에 '이'가 와서 [무리], [기:미]라고 소리 나요. 이처럼 ㄹ, ㅁ 받침 뒤에 모음이 오면 받침이 뒤로 넘어가서 소리 나요.
그렇지만 쓸 때는 ㄹ 받침과 ㅁ 받침을 그대로 살려서 써야 해요.

기초가 탄탄

📎 낱말을 소리 내어 읽은 다음 맞춤법에 맞게 따라 쓰세요.

🔊 이렇게 읽어요!   ✏️ 이렇게 써요!

❶ 얼음 ➡ [어름]   얼음

ㄹ 받침과 ㅁ 받침을
잊지 말고 꼭 쓰자!

❷ 참외 ➡ [차뫼]   참외

❸ 할아버지 ➡ [하라버지]   할아버지

❹ 춤 을 ➡ [추믈]   춤을 춰요.

❺ 달 이 ➡ [다리]   달이 떠요.

❻ 구름 이 ➡ [구르미]   구름이 많아요.

❼ 길 다 어요 ➡ [기러요]   꼬리가 길어요.

❽ 감 다 아요 ➡ [가마요]   머리를 감아요.

◉ 그림에 알맞은 낱말을 이으세요.

❶

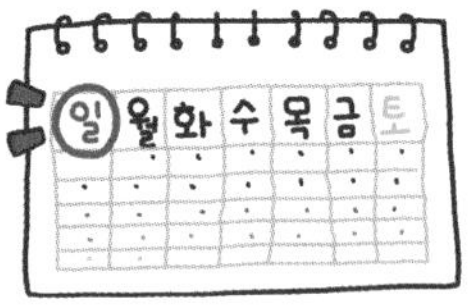

·

- ㉠ 이료일
- ㉡ 일요일

❷

·

- ㉠ 너머지다
- ㉡ 넘어지다

◉ 문장을 소리 내어 읽고, 보기 를 참고하여 밑줄 친 말을 바르게 고쳐 쓰세요.

보기				
	울음	그림	덜다	놀다

❶  사탕을 주면 아이가 **우르믈** 그칠 거야.

→

'우르믈'?
ㄹ 받침과 ㅁ 받침 모두
뒤로 넘어갔어.

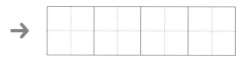

❷  내가 가장 좋아하는 **그리미야**.

→

❸  양이 많으니까 조금 **더러서** 먹을게요.

→

❹  열심히 공부했으니까 이제부터 **노라야지**.

→

📝 건호가 동굴 탐험 일지를 썼는데 맞춤법에 맞지 않은 말들이 있어요. 잘못 쓴 말을 바르게 고쳐 쓰세요.

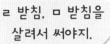

> <h2>동굴 탐험 일지</h2>
>
> ● 탐험 장소 : 엉뚱산에 있는 동굴
>
> ● 탐험 내용 : 영환이와 동굴을 탐험했다. 동굴 안은 어둡고 시원했다. 중간에 길을 잃었을 때에는 집에 못 도라갈까❶ 봐 무서웠다. 다행히 동굴 출입구를 찾아서 밖으로 나왔다. 그런데 선생님과 반 아이들이 우리를 찾느라 난리가 나 있었다.
>
>   선생님 말쓰믈❷ 잘 듣고, 위험한 곳은 함부로 드러가지❸ 말아야겠다.

ㄹ 받침, ㅁ 받침을 살려서 써야지.

❶ 도라갈까 →
❷ 말쓰믈 →
❸ 드러가지 →

돌아갈까
돌라갈까
말씀을
말씀믈
들어가지
들러가지

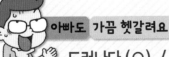

아빠도 가끔 헷갈려요

드러나다 (O) / 들어나다 (X)

어떤 일이 겉으로 나타났을 때 [드러나다]라고 말하는데, 이것도 '들어나다'로 써야 할까요? 그렇지 않아요. '보이지 않던 것이 갑자기 보이게 되다.'라는 뜻의 '드러나다'는 소리 나는 대로 써야 맞아요.

예 땅을 파자 붉은 흙이 드러났다.

💡 그림을 보고 어떤 뜻일지 생각해 보세요.

1. 동생이 두 가지 생각을 떠올린 까닭은 무엇인가요? (   )

   ❶ 형이 띄어쓰기를 하지 않았기 때문에

   ❷ 형이 글씨를 알아보지 못하게 썼기 때문에

2. 띄어쓰기에 유의하며 문장에 알맞은 그림과 이으세요.

   ❶ | 군밤이 | 불 | 속에 | 있다 | . ·

   · ㉠

   ❷ | 군밤 | 이불 | 속에 | 있다 | . ·

   · ㉡

꼭! 알아두기

띄어쓰기를 안 하니까 군밤이 '불' 속에 있는지, '이불' 속에 있는지 알 수 없죠? 띄어쓰기를 제대로 하지 않으면 글을 읽는 사람이 내용을 이해하기 어려워요. 그러므로 글을 쓸 때는 뜻이 잘 전달될 수 있도록 바르게 띄어 써야 해요.

💡 **민서와 예지가 글을 쓰고 있어요. 무슨 내용인지 읽어 보세요.**

1. 누가 쓴 글의 내용이 이해하기 쉬웠나요? (   )

❶ 민서   ❷ 예지

2. 문제1에서 대답한 사람의 글이 이해하기 쉬운 까닭은 무엇인가요? (   )

❶ 바르게 띄어 썼기 때문에

❷ 글씨를 붙여 썼기 때문에

문장을 쓸 때 아무렇게나 띄어 쓰면 안 돼요. 띄어쓰기 원칙에 맞게 띄어 써야 해요.

3. 띄어쓰기는 어떻게 하는 것이 좋을까요? (   )

❶ 원칙에 맞게 띄어 써요.

❷ 쓰는 사람만 알아볼 수 있도록 띄어 써요.

띄어쓰기 쉬워지는 TIP

띄어쓰기를 할 때 글자와 글자 사이를 얼마나 띄어야 할지 모르겠다고요? 그럴 때에는 글자 사이에 집게손가락을 대 보고 그 간격만큼 띄어 쓰도록 하세요.

날씨가 👆 좋아요.

01

밑줄 친 말이 바르게 쓰인 것에는 ○표, 잘못 쓰인 것에는 ✕표 하세요.

❶ 봄은 짧고 여름은 **길어요**. ( )

❷ 나는 과일 중에서 **수바기** 제일 좋다. ( )

❸ 열린 **창무느로** 시원한 바람이 들어왔다. ( )

❹ 학교 **담이** 없어지고 꽃밭이 생겼다. ( )

❺ 오래 걸었더니 발바닥에 **굳은살이** 박혔어. ( )

02

빈칸에 들어갈 말을 알맞게 이으세요.

❶ 별똥별이 떨어지는 것을
　내 ☐ 직접 보았다.
　　　• ㉠ 누느로
　　　• ㉡ 눈으로

❷ 엄마가 끓인 ☐
　항상 맛있어요.
　　　• ㉠ 국은
　　　• ㉡ 구근

❸ 여름에는 수박과 ☐
　실컷 먹을 수 있어.
　　　• ㉠ 참외를
　　　• ㉡ 차뫼를

❹ 창문을 ☐ 지금보
　다는 조용할 거야.
　　　• ㉠ 다드면
　　　• ㉡ 닫으면

❺ ☐ 들어갈 때
　손전등을 가져가라.
　　　• ㉠ 동구레
　　　• ㉡ 동굴에

03

맞춤법에 맞는 말에 ○표 하세요.

❶ 나를 [미더 : 믿어] 줘서 정말 고마워.

❷ [일요일 : 이료일] 은 아빠가 우리 집 요리사예요.

❸ 아침에 우유를 [먹어서 : 머거서] 배탈이 났어요.

❹ 명절에는 친척들이 [용돈을 : 용도늘] 많이 주신다.

❺ 1등으로 달리던 창우가 [너머지고 : 넘어지고]
　말았다.

04

빈칸에 공통으로 들어갈 받침을 쓰세요.

❶

모☐요일　아☐어　머☐이

❷
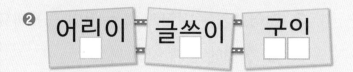
어리☐이　글쓰☐이　구☐이☐

❸
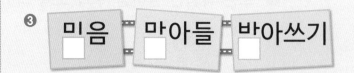
미☐음　마☐아들　바☐아쓰기

❹

이☐요이☐　어☐음　한☐아버지

05

소리 나는 대로 적은 것을 보고, 보기 와 같이 받침을 살려 쓰세요.

보기

[모기] 길다. → 목 + 이

❶ [떠기] 맛있다. → ☐ + ☐

❷ [소늘] 잡았다. → ☐ + ☐

❸ [꾸믈] 꾸어요. → ☐ + ☐

06

밑줄 친 말을 바르게 고쳐 쓰세요.

❶ 우리 이모는 **여녜인**처럼 정말 예쁘다.

→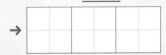

❷ 한눈팔고 걷다가 길에서 **너머졌어요.**

→

❸ 내 운동화 크기는 형보다 **자가요.**

→

❹ 아이스크림이 **노그려고** 해. 빨리 먹자!

→

◆ 다음 글을 읽고 물음에 답하세요.(7~8)

1월 17일 금요일　　　날씨: 눈이 많이 내림

제목: 독감 걸린 날

　독감에 걸렸다. 그래서 학교에 가지 못했다. 엄마도 나 ㉠**때무네** 회사에 못 나가셨다. ㉡**기치미** 심해서 약을 먹었다. ㉢**야기** 정말 썼다. 그래서 엄마가 ㉣**꿀무를** 타 주셨다. 저녁에도 목이 계속 아팠다. 빨리 나아서 친구들이랑 눈싸움하며 놀고 싶다.

07

㉠과 ㉡을 바르게 쓴 것에 ◯표 하세요.

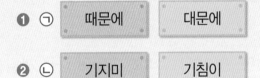

❶ ㉠ 때문에 　　대문에

❷ ㉡ 기지미 　　기침이

08

㉢과 ㉣을 보기 와 같이 고쳐 쓰세요.

보기

[모기] → 목 + 이

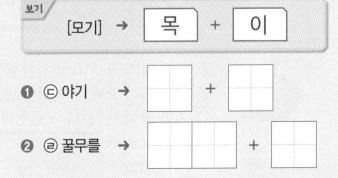

❶ ㉢ 야기 → ☐ + ☐

❷ ㉣ 꿀무를 → ☐ ☐ + ☐

5 ㅂ, ㅅ 받침을 살려 써요!

원리가 쏙쏙

💡 다음 장면에서 누나가 쪽지를 보고 어리둥절한 까닭은 무엇인가요? 알맞은 말에 ○표 하세요.

» (밥에 / 밥애), (맛시 / 맛이)를 소리 나는 대로 썼기 때문입니다.

» '밥에, 맛이'의 소리와 모양이 다른 까닭을 알아보세요.

	🔊 이렇게 읽어요!	✏️ 이렇게 써요!
ㅂ 받침 + 모음 밥 + 에	[바베]	밥 에
ㅅ 받침 + 모음 맛 + 이	[마시]	맛 이

'밥' 뒤에 '에'가 오면 ㅂ 받침이 뒤로 넘어가서 '밥에'는 [바베]로 소리 나고,
'맛' 뒤에 '이'가 오면 ㅅ 받침이 뒤로 넘어가서 '맛이'가 [마시]로 소리 나요.
그렇지만 쓸 때는 '밥'의 ㅂ 받침과 '맛'의 ㅅ 받침을 그대로 살려서 써야 해요.

엄마만 보세요 'ㅂ, ㅅ, ㅈ, ㅊ, ㅋ, ㅌ, ㅍ, ㄲ, ㅆ' 받침 뒤의 글자가 모음자로 시작하면 'ㅂ, ㅅ, ㅈ, ㅊ, ㅋ, ㅌ, ㅍ, ㄲ, ㅆ'은 뒤 글자의 첫소리로 옮겨져서 소리 나기 때문에 글자의 소리와 모양이 달라집니다. 이러한 점에 유의하여 지도해 주세요.

📝 **낱말을 소리 내어 읽은 다음 맞춤법에 맞게 따라 쓰세요.**

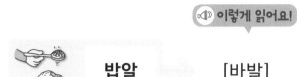 🔊 이렇게 읽어요!　✏️ 이렇게 써요!

❶ **밥알** ➡ [바발] 밥알

ㅂ 받침과 ㅅ 받침을 살려서 써 주세요.

❷ **입원** ➡ [이붠] 입원

❸ **손잡이** [손자비] 손잡이

❹ **집　에** [지베] 집에 가요.

❺ **옷　을** [오슬] 옷을 입어요.

❻ **잡 다　아요** [자바요] 손을 잡아요.

❼ **웃 다　어요** ➡ [우서요] 활짝 웃어요.

❽ **접 다　어요** [저버요] 색종이를 접어요.

✍ 밑줄 친 말이 바르게 쓰인 문장에 ✓표 하세요.

❶ 진형아, 학교 가기 전에 **비스로** 머리 좀 빗어. ☐

세수하고 욕실에 있는 **빗으로** 빗었어요. ☐

❷ **손톱이** 너무 길구나. ☐

손토비 빨리 자랐네요. 잘라야겠어요! ☐

✍ 밑줄 친 말을 맞춤법에 맞게 고친 것을 보기 에서 골라 쓰세요.

보기

집어   씻어라   깨끗이   답안지

❶ **다반지**에 이름을 써 주세요.

→ ☐☐☐ 에 이름을 써 주세요.

❷ 손을 **깨끄시 씨서라**.

→ 손을 ☐☐☐ ☐☐☐ .

❸ 해윤아, 네 앞에 있는 연필 좀 **지버** 줄래?

→ 해윤아, 네 앞에 있는 연필 좀 ☐☐ 줄래?

36

📝 다율이가 쓴 알림장인데 맞춤법에 맞지 않은 말들이 있어요. 잘못 쓴 말을 바르게 고쳐 쓰세요.

6월 13일 목요일	선생님 확인	보호자 확인
• 금요일 농장 체험 학습		
1. 점심 도시락 싸 오기		
2. <u>지가븐</u>❶ 가져오지 말 것		
3. 날씨가 더우면 <u>버슬</u>❷ 수 있도록 얇은 옷을 겹쳐 입고 올 것		
4. 손을 다칠 수 있으니 <u>면장가블</u>❸ 준비할 것		
5. 농작물이 있는 <u>고세서는</u>❹ 장난치지 말 것		

돈을 담는 작은 물건이 뭐였더라?

ㅂ 받침과 ㅅ 받침이 뒤로 넘어갔구나.

❶ 지가븐 →

❷ 버슬 →

❸ 면장가블 →

❹ 고세서는 →

지갑븐   지갑은

벗을   벗슬

면장갑을

곳에서는   면장갑블

곳세서는

💡 다음 장면에서 친구가 보라의 쪽지를 보고 이해하지 못한 까닭은 무엇일까요?
알맞은 말에 ○표 하세요.

꼬치?
떡꼬치 먹고 싶다.

공원에 꼬치
예쁘게 피었대.
내일 나제 보러
가자. - 보라가

공원에서
꼬치를 주나?
무슨 소리지?

》 (나제 / 낮에), (꼬치 / 꽃이)를 소리 나는 대로 썼기 때문입니다.

》 '낮에, 꽃이'의 소리와 모양이 다른 까닭을 알아보세요.

	🔊 이렇게 읽어요!	✏️ 이렇게 써요!
ㅈ 받침 + 모음 낮 + 에	[나제]	낮 에
ㅊ 받침 + 모음 꽃 + 이	[꼬치]	꽃 이

'낮' 뒤에 '에'가 오면 ㅈ 받침이 뒤로 넘어가서 [나제]로 소리 나고, '꽃' 뒤에 '이'가
오면 ㅊ 받침이 뒤로 넘어가서 [꼬치]로 소리 나요. 이처럼 ㅈ 받침과 ㅊ 받침 뒤에
모음이 오면 ㅈ과 ㅊ은 뒤로 넘어가서 소리 나요.
그렇지만 쓸 때는 ㅈ 받침과 ㅊ 받침을 그대로 살려서 써야 해요.

엄마만 보세요 받침이 생각나지 않을 때는 '을', '이', '에'를 붙여서 넘어 온 받침을 떠올려 보게 하세요. '꽃'의
받침을 떠올리지 못할 때, [꼬츨], [꼬치], [꼬체] 등을 발음해 주면 쉽게 ㅊ 받침을 떠올리게 됩니다.

📎 **낱말을 소리 내어 읽은 다음 맞춤법에 맞게 따라 쓰세요.**

🔊 이렇게 읽어요!   ✏️ 이렇게 써요!

① **달맞이** ➡ [달마지] 달맞이

💬 소리 나는 대로 쓰지 않기!

② **책꽂이** ➡ [책꼬지] 책꽂이

③ **꽃   이** ➡ [꼬치] 꽃이 피었어요.

④ **젖   을** ➡ [저즐] 젖을 먹어요.

⑤ **빛   을** ➡ [비츨] 빛을 비춰요.

⑥ **짖 다 어요** ➡ [지저요] 개가 짖어요 .

⑦ **찾 다 아요** ➡ [차자요] 책을 찾아요 .

⑧ **쫓 다 아요** ➡ [쪼차요] 새를 쫓아요 .

📎 다음 대화의 밑줄 친 말은 소리 나는 대로 쓴 거예요. 보기 를 참고해서 맞춤법에 맞게 고쳐 쓰세요.

❶

보기 낯   잊다

어, ☐☐ 많이 익은데?

얼굴을 ☐☐☐☐ 거예요?

❷

보기 젖다   쫓아오다

이불이 왜 ☐☐ 있지?

개가 ☐☐☐☐☐ 꿈을 꿨어요.

📝 민이가 삼촌께 편지를 썼는데 맞춤법에 맞지 않은 말들이 있어요. 잘못 쓴 말을 바르게 고쳐 쓰세요.

삼촌, 사막으로 여행을 간다면서요?

제가 책에서 읽었는데요, 사막은 ❶나제는 엄청 뜨겁고 밤에는 엄청 춥대요. 그뿐인 줄 아세요? 온 세상이 모래뿐이어서 ❷햇비츨 피할 곳도 없대요.

삼촌, 사막에서 길을 잃고 집까지 ❸차자오지도 못하면 어떡해요?

그러니까 제발 가지 마세요.

❶ 나제는 → 　　　

❷ 햇비츨 → 　　　

❸ 차자오지도 → 　　　　　

낫애는　낮에는

햇빛을　해비슬

찾아오지도

찾아오지도

👨 **아빠도 가끔 헷갈려요**

며칠 (○) / 몇일 (X)

"오늘이 며칠이니?"가 맞을까요, "오늘이 몇일이니?"가 맞을까요? '며칠이니?'가 맞아요.
'며칠'은 ㅊ을 받침 자리에 쓰지 않고 뒷말의 첫소리에 써야 하는 말이거든요.
그래서 '몇일'이 아니라 '며칠'이라고 써야 해요.

7 ㅋ, ㅌ, ㅍ 받침을 살려 써요!

원리가 쏙쏙

💡 밑줄 친 말의 소리와 모양에 유의하며 읽어 보세요.

부엌에서 맛있는 냄새가 나요.
[부어케서]

아이들이 냄새를 **맡아요.**
[마타요]

창문이 **높아서** 안이 안 보여요.
[노파서]

》 '부엌에서, 맡아요, 높아서'의 소리와 모양이 다른 까닭을 알아보세요.

ㅋ 받침 + 모음	ㅌ 받침 + 모음	ㅍ 받침 + 모음
부엌 + 에서	맡(다) + 아요	높(다) + 아서
🔊 이렇게 읽어요! [부어케서]	[마타요]	[노파서]
✏️ 이렇게 써요! 부 엌 에 서	맡 아 요	높 아 서

ㅋ 받침, ㅌ 받침, ㅍ 받침도 모음을 만나면 모두 뒤로 넘어가서 소리 나요.
그렇지만 쓸 때는 소리 나는 대로 쓰지 않고, 받침을 살려서 써야 해요.

🖊️ 낱말을 소리 내어 읽은 다음 맞춤법에 맞게 따라 쓰세요.

🔊 이렇게 읽어요!   ✏️ 이렇게 써요!

❶ 짙 다 은 → [지튼]   짙 은 눈썹

❷ 끝 을 → [끄틀]   끝 을 묶어요.

❸ 밭 을 → [바틀]   밭 을 갈아요.

❹ 부엌 이 → [부어키]   부 엌 이 깨끗해요.

❺ 숲 으로 → [수프로]   숲 으 로 가요.

❻ 같 다 아요 → [가타요]   얼굴이 같 아 요 .

❼ 붙 다 어요 → [부터요]   못이 붙 어 요 .

❽ 깊 다 어요 → [기퍼요]   강물이 깊 어 요 .

🖉 **맞춤법에 맞게 쓴 문장을 고르세요.**

❶

㉠ 우물 **미테** 무엇이 있을까?

㉡ 우물 **밑에** 무엇이 있을까?

❷

㉠ **깊은** 산속 옹달샘 누가 와서 먹나요?

㉡ **기픈** 산속 옹달샘 누가 와서 먹나요?

🖉 **맞춤법에 맞게 쓴 말에 ◯표 하고, 문장을 완성하세요.**

❶ 맡아
마타

음식이 상했는지 냄새를 ⬜⬜ 보았다.

❷ 노파서
높아서

산이 ⬜⬜⬜ 올라가기 힘들어.

❸ 새벽녘에
새벽녀케

샛별은 ⬜⬜⬜⬜ 동쪽 하늘에 떠 있어.

 '새벽녘'은 새벽이 될 때쯤을 말해.

✎ 혜수가 강아지를 소개하는 글을 썼는데 맞춤법에 맞지 않은 말들이 있어요.
잘못 쓴 말을 바르게 고쳐 쓰세요.

우리 집 강아지 둥이를 소개할게.

우리 둥이는 냄새를 잘 마타. ①

특히 고기 냄새를 잘 맡지. 엄마가

부어케서 고기를 구우면 먹고 ②

시퍼서 식탁 다리를 박박 긁어. ③

　그런데 우리 둥이는 겁이 많아.

조금만 큰 소리가 나도 얼른 침대 미트로 숨어. ④

그러다가 고기 냄새가 나면 바로 나오지.

　어때, 우리 둥이 귀엽지?

트르렁

어머, 둥이
너무 귀엽다!

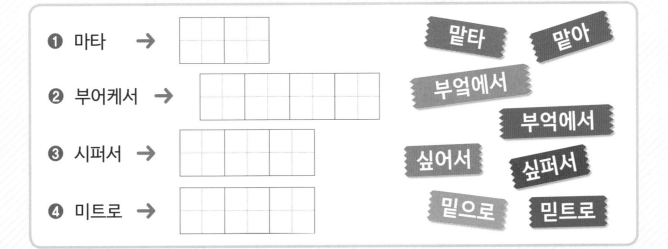

❶ 마타 → 　　　　

❷ 부어케서 → 　　　　　　

❸ 시퍼서 → 　　　　

❹ 미트로 → 　　　　

맡타　　맡아

부엌에서

부억에서

싫어서　　싶퍼서

밑으로　　믿트로

원리가 쏙쏙

💡 다음 장면에서 엄마가 아들의 일기를 보고 당황한 까닭은 무엇일까요? 알맞은 말에 ◯표 하세요.

>> (복음 / 볶음), (있어서 / 있써서)를 소리 나는 대로 썼기 때문입니다.

>> '볶음, 있어서'의 소리와 모양이 다른 까닭을 알아보세요.

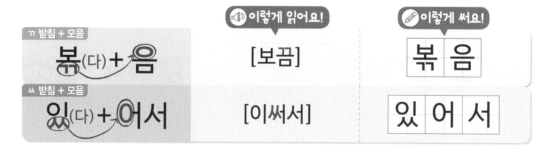

 '볶' 뒤에 '-음'이 오면 '볶음'이 [보끔]으로 소리 나고, '있' 뒤에 '-어'가 오면 '있어'가 [이써]로 소리 나요. 그렇지만 쓸 때는 '볶'의 ㄲ 받침과 '있'의 ㅆ 받침을 그대로 살려서 써야 해요.

📝 낱말을 소리 내어 읽은 다음 맞춤법에 맞게 따라 쓰세요.

🔊 이렇게 읽어요!   ✏️ 이렇게 써요!

① 떡볶이 ➡ [떡뽀끼]   떡볶이

② 연필깎이 ➡ [연필까끼]   연필깎이

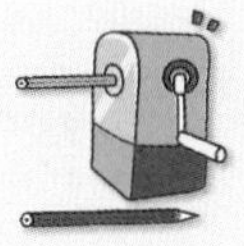

③ 밖   에 ➡ [바께]   밖에 나가요.

④ 닦 다   아요 ➡ [다까요]   물을 닦아요.

⑤ 볶 다   아요 ➡ [보까요]   콩을 볶아요.

⑥ 깎 다   아요 ➡ [까까요]   사과를 깎아요.

⑦ 있 다   어요 ➡ [이써요]   사람이 있어요.

⑧ 탔 다   어요 ➡ [타써요]   차에 탔어요.

✏️ 맞춤법에 맞게 쓴 문장을 고르세요.

①
- ㉠ 드디어 숙제를 다 **했어요**.
- ㉡ 드디어 숙제를 다 **해써요**.

②
- ㉠ 가족과 함께 놀이공원에 **가써요**.
- ㉡ 가족과 함께 놀이공원에 **갔어요**.

✏️ 밑줄 친 말을 맞춤법에 맞게 보기 에서 골라 써 보세요.

보기	잤어요	닭볶음탕	심었어요	주셨어요

① 방학이라 늦잠을 **자써요**.

→

② 언니와 함께 꽃을 **심어써요**.

→

③ 아빠가 오랜만에 **닭보끔탕**을 해 **주셔써요**.

→   →

아빠도 가끔 헷갈려요

떡볶이 (○) / 떡볶기 (X)

'떡볶이'와 '떡볶기' 중 무엇이 맞냐고요? '떡볶이'가 맞아요. '떡 + 볶(다) + 이'가 합쳐져서 '떡볶이'가 된 거지요. 이러한 형태의 낱말에 '달맞이(달 + 맞(다) + 이)', '턱받이(턱 + 받(다) + 이)' 등이 있어요.

예 저는 떡볶이를 제일 좋아해요.

📝 꼬마 요리사 나영이가 요리 수첩을 공개했는데 맞춤법에 맞지 않은 말들이 있어요. 잘못 쓴 말을 바르게 고쳐 쓰세요.

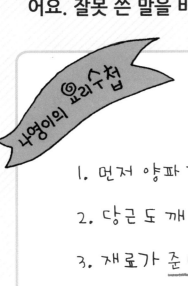

카레라이스 만드는 법

1. 먼저 양파 껍질을 까고, 감자를 <u>까까요</u>❶.

2. 당근도 깨끗이 씻어요.

3. 재료가 <u>준비돼쓰면</u>❷ 먹기 좋은 크기로 잘라요.

4. 프라이팬에 식용유를 넣고 위의 재료들을 <u>보까요</u>❸.

5. 재료가 어느 정도 익으면, 물을 붓고 카레 가루를 넣은 다음 잘 섞어요.

6. 15분 동안 끓인 뒤 밥 위에 얹어요.

7. 드디어 맛있는 카레라이스 완성!

와! 맛있겠다!

❶ 까까요 →

❷ 준비돼쓰면 →

❸ 보까요 →

깍아요   깎아요

준비됐으면

준비돼스면

볶아요   볶까요

💡 띄어쓰기 원칙 : 낱말과 낱말은 띄어 써요.

낱말은 '공책', '연필', '귀엽다'와 같이 혼자 쓸 수 있는 말의 단위예요!
낱말과 낱말이 모여서 문장이 될 때, 낱말과 낱말 사이는 띄어 써야 해요.

예 너∨어디∨가니?
　　낱말　낱말　낱말

위 문장에서 '너', '어디', '가니'는 혼자 쓰일 수 있는 낱말이므로 띄어 써야 해요.

📝 다음 중 낱말에 해당하는 것을 고르세요.

1. | ㄱ | , | ㄴ |

2. | ㅏ | , | ㅗ |

3. | 가방 | , | 무거워 | , | 모자 |

4. | 가방이 무거워. |

📝 낱말과 낱말 사이를 바르게 띄어 쓴 문장을 고르세요.

1.

❶ | 새싹에물을 | | 주어요 | .

❷ | 새싹에물을주어요 | .

❸ | 새싹에 | | 물을 | | 주어요 | .

2.

❶ | 이를깨끗이닦아요 | .

❷ | 이를 | | 깨끗이 | | 닦아요 | .

❸ | 이를깨끗이 | | 닦아요 | .

✎ 띄어쓰기가 바른 문장을 고르세요.

1.
❶ | 아 | 침 | 에 | | 빵 | 을 | | 먹 | 었 | 어 | . | | |

❷ | 아 | 침 | 에 | 빵 | 을 | 먹 | 었 | 어 | . | | | | |

2.
❶ | 벌 | 써 | 개 | 나 | 리 | 가 | | 피 | 었 | 네 | . | | |

❷ | 벌 | 써 | | 개 | 나 | 리 | 가 | | 피 | 었 | 네 | . | |

✎ 띄어쓰기에 유의하며 문장을 빈칸에 옮겨 쓰세요.

1.
| 깡 | 충 | 깡 | 충 | ∨ | 아 | 기 | ∨ | 토 | 끼 | | | |
| | | | | ∨ | | | | ∨ | | | | |

2.
| 우 | 리 | ∨ | 엄 | 마 | 는 | ∨ | 간 | 호 | 사 | 입 | 니 | 다 | . |
| | | ∨ | | | | | ∨ | | | | | | . |

✎ 띄어 써야 할 곳에 ∨표 하고, 문장을 바르게 옮겨 쓰세요.

1. 보름달이둥실떴구나. → _____

2. 새가즐겁게노래해요. → _____

띄어쓰기
쉬워지는 TIP

낱말 뒤에 '-입니다' 또는 '-이다'가 올 때는 반드시 앞말과 붙여 써야 해요.

예 나는 학생입니다. (○)   나는 학생 입니다. (×)

이곳은 학교이다. (○)   이곳은 학교 이다. (×)

01

빈칸에 공통으로 들어갈 받침을 쓰세요.

❶ 손자□이 ━ 길자□이 ━ □이원

❷ 오장□ ━ □마 ━ □비자루

❸ 꼬□ ━ 햇비□ ━ □나

❹ 보□음 ━ 떡보□이 ━ □바

02

밑줄 친 말이 바르게 쓰인 것에는 ○표, 잘못 쓰인 것에는 ✕표 하세요.

❶ 개는 냄새를 잘 <u>마타요</u>. ( )

❷ 비를 맞아서 옷이 다 <u>젖었다</u>. ( )

❸ 내가 좋아하는 <u>꼬츤</u> 해바라기야. ( )

❺ 버스를 타려면 어느 <u>곳으로</u> 가나요? ( )

❹ 우물이 <u>기퍼서</u> 바닥이 보이지 않는다. ( )

03

맞춤법에 맞는 말에 ○표 하세요.

❶ 콩밥을 · 콩바블 먹으면 건강해져요.

❷ 산이 노파서 · 높아서 올라가기 힘들어.

❸ 책상이 낮아서 · 나자서 조금 불편하다.

❹ 사과는 깨끗이 씨서서 · 씻어서 먹는 게 좋아.

❺ 돋보기로 햇비츨 · 햇빛을 모아서 불을 피울 수 있어요.

04

빈칸에 알맞은 말을 보기 에서 골라 쓰세요.

보기
맡아서	싫어서	한나제는	까끄려고
마타서	시퍼서	한낮에는	깎으려고

❶ 나는 냄새를 잘 [　　　] 별명이 개코야.

❷ 할머니 목소리를 듣고 [　　　] 전화했다.

❸ [　　　] 너무 뜨거우니까 집에서 놀아라.

❹ 머리를 [　　　] 아빠와 함께 미용실에 갔다.

05

빈칸에 들어갈 말을 알맞게 이으세요.

❶ 이런, [   ] 너무
   길구나!

- ㉠ 발토비
- ㉡ 발톱이

❷ 기름과 물은 서로 [   ]
   않는다.

- ㉠ 서끼지
- ㉡ 섞이지

❸ 하루 종일 축구를 해서
   얼굴이 까맣게 [   ].

- ㉠ 탔어요
- ㉡ 타써요

❹ 작년에 전학 간 친구가
   보고 [   ].

- ㉠ 싶어요
- ㉡ 시퍼요

06

밑줄 친 말을 바르게 고쳐 쓰세요.

❶ 멸치 **보끔**을 많이 먹어야 뼈가 튼튼해진다.

→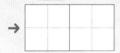

❷ 오늘은 **바께** 나가서 풍경화를 그렸다.

→

❸ 이렇게 먼 곳까지 **차자와** 주셔서 감사합니다.

→

❹ 우리 둘은 항상 자석처럼 **부터** 다녀요.

→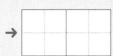

◆ **다음 글을 읽고 물음에 답하세요.(7~9)**

> 강아지를 찾습니다.
>
>
>
>   이름은 퐁이고요.
> 두 살 된 암컷 푸들이
> 에요. ㉠**거비** 많아서
> 조금만 큰 소리가 나도 침대 ㉡**미트로** 숨어요.
> 10일 아침에 ○○산에 갔다가 ㉢**수페서** 잃어
> 버렸어요. 퐁이를 본 적이 ㉣**이쓰시면** 아래
> 번호로 연락 주세요.
> ☎ 010-1234-5678
>
> ※ 퐁이를 ㉤**차자** 주시는 분께 선물을 드릴게요.

07

㉠을 바르게 쓴 것에 ○표 하세요.

겁이	겁비

08

㉡과 ㉢을 맞춤법에 맞는 말과 이으세요.

❶ ㉡ •
- 믿으로
- 밑으로

❷ ㉢ •
- 숲에서
- 숩에서

09

㉣과 ㉤을 맞춤법에 맞게 고쳐 쓰세요.

㉣ 있(다) + 으시면 → [   ]

㉤ 찾(다) + 아 →

공부하느라 힘들었죠? 쉬면서 말놀이를 해 볼까요?
해적선을 통과하면서 '이'가 붙어서 만들어진 낱말을 알아보아요.

넓다

높다

놀다

길다

먹다

이

해적선에 온 것을 환영해요. 낱말 뒤에 '**이**'를 붙여 보세요.

길이

넓이

높이

놀이

먹이

나도 만들 수 있어요!

책+꽂다 ➕ (이) ➞

54

받침이 대표 소리로 나는 말

받침이 [ㄱ], [ㄷ], [ㅂ]으로 소리 나는 거래.

대표 소리?

대표 소리 [ㄱ]	ㄱ 받침	저녁 [저녁]	
	ㅋ 받침	새벽녘 [새병녁]	56쪽
	ㄲ 받침	밖 [박]	
대표 소리 [ㄷ]	ㄷ 받침	받침 [받침]	
	ㅅ 받침	엿 [엳]	
	ㅈ 받침	젖 [젇]	60쪽
	ㅊ 받침	꽃 [꼳]	
	ㅌ 받침	가마솥 [가마솓]	
대표 소리 [ㅂ]	ㅂ 받침	배꼽 [배꼽]	64쪽
	ㅍ 받침	무릎 [무릅]	
띄어쓰기 특강 ③			68쪽
종합 평가 ③			70쪽
말놀이			72쪽

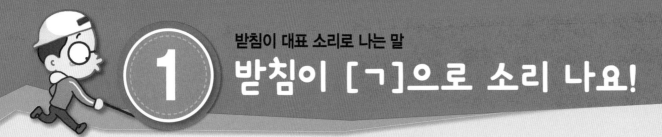

💡 다음 장면에서 받침이 [ㄱ]으로 소리 나는 말을 모두 찾아 ○표 하세요.

창 밖 풍경 비교하기

저녁   새벽녘

어떤 차이가 있나요?

》 '저녁, 새벽녘, 밖'의 소리와 모양에 대해 알아보세요.

ㄱ 받침	ㅋ 받침	ㄲ 받침
저녁	새벽녘	밖
🔊 이렇게 읽어요! [저녁]	[새병녁]	[박]
✏️ 이렇게 써요! 저 녁	새 벽 녘	밖

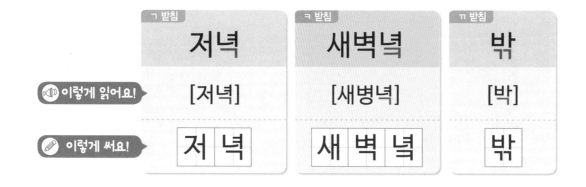

'저녁', '새벽녘', '밖'을 소리 내어 읽어 보세요. 받침이 'ㄱ, ㅋ, ㄲ'으로 다르지만 '녁'과 '녘'은 [녁], '밖'은 [박]과 같이 받침이 모두 [ㄱ]으로 소리 나요. 이때 'ㄱ'을 대표 소리라고 해요. 이 말들을 쓸 때는 원래 받침을 그대로 살려서 써야 해요.

엄마만 보세요 ㄱ 받침, ㅋ 받침, ㄲ 받침으로 끝나는 낱말이거나 ㄱ, ㅋ, ㄲ 받침 뒤에 자음자가 오면 ㄱ, ㅋ, ㄲ은 대표 소리 [ㄱ]으로 소리가 납니다. 이러한 점에 유의하여 지도해 주세요.

📝 낱말을 소리 내어 읽은 다음 맞춤법에 맞게 따라 쓰세요.

🔊 이렇게 읽어요!   ✏️ 이렇게 써요!

❶ 가족 ➡ [가족]   가족

❷ 주먹 ➡ [주먹]   주먹

❸ 부엌 ➡ [부엌]   부엌

❹ 밖 ➡ [박]   밖

받침 ㄱ, ㅋ, ㄲ이 들어간 낱말을 소리 내어 읽어 봐. 모두 [ㄱ]으로 소리 나도 쓸 때는 원래 받침을 써 주자.

❺ 섞다 ➡ [석따]   반죽을 섞다.

❻ 볶다 ➡ [복따]   채소를 볶다.

❼ 닦 다 ← 고 ➡ [닥꼬]   이를 닦고 있다.

❽ 꺾 다 ← 지 ➡ [꺽찌]   꽃을 꺾지 마세요.

57

📝 맞춤법에 맞는 말에 ○표 하고, 다음 빈칸에 옮겨 쓰세요.

❶ 낚씨　낚시

→

❷ 들녘　들녁

→

❸ 닦다　닥다

→

📝 문장을 읽고, 밑줄 친 말을 맞춤법에 맞게 고쳐 쓰세요.

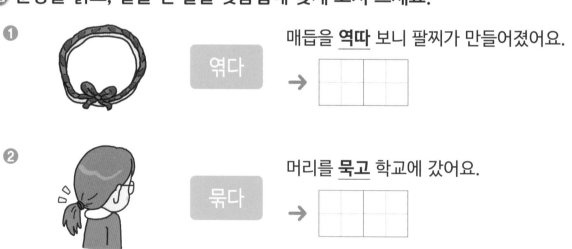

❶ 엮다

매듭을 **역따** 보니 팔찌가 만들어졌어요.

→

❷ 묶다

머리를 **묵고** 학교에 갔어요.

→

❸ 겪다

외국인과 말하는 데 어려움을 **격꼬** 있다.

→

58

✎ 찬호가 수업 시간에 주말에 한 일을 발표하기 위해 공책에 정리를 했어요. 맞춤법에 맞지 않은 말을 바르게 고쳐 쓰세요.

밤늦게 속초에 도착. 너무 졸려서 씻지도 못하고 잠들었다.

토요일 오후 11시

받침을 다 대표 소리로 썼네.

해 뜨는 것을 보려고 일찍 일어났다. 세수도 하고 이도 <u>닥고</u>❶ 등산 준비를 했다.

일요일 오전 6시

설악산에 올라갔다. <u>동녁</u>❷ 하늘이 탁 트여 있어서 보기만 해도 시원했다.

일요일 오후 1시

내려오는 길에 비가 왔다. 수건이 없어서 젖은 몸을 <u>닥지</u>❸ 못했다.

일요일 오후 3시   힘들었지만 보람찬 하루였다.

재미있었겠다!

❶ 닥고 → [　][　]

❷ 동녁 → [　][　]

❸ 닥지 → [　][　]

닦고   닥꼬

동녁   동녕

닦지   닥찌

2 받침이 [ㄷ]으로 소리 나요!

원리가 쏙쏙

다음 장면에서 받침이 [ㄷ]으로 소리 나는 말을 모두 찾아 ○표 하세요.

>> '받침, 엿, 젓, 꽃, 가마솥'의 소리와 모양에 대해 알아보세요.

ㄷ 받침	ㅅ 받침	ㅈ 받침	ㅊ 받침	ㅌ 받침
받침	엿	젓	꽃	가마솥
이렇게 읽어요! [받침]	[엳]	[젇]	[꼳]	[가마솓]
이렇게 써요! 받침	엿	젓	꽃	가 마 솥

'받침, 엿, 젓, 꽃, 솥'을 소리 내어 읽어 보면 각각 [받침, 엳, 젇, 꼳, 솓]으로 소리 나요. 'ㄷ, ㅅ, ㅈ, ㅊ, ㅌ' 받침이 모두 [ㄷ]으로 소리 나기 때문에 'ㄷ'을 'ㄷ, ㅅ, ㅈ, ㅊ, ㅌ'의 대표 소리라고 해요. 이 말들을 쓸 때는 원래 받침을 그대로 살려서 써야 해요.

 엄마만 보세요 ㄷ 받침, ㅅ 받침, ㅈ 받침, ㅊ 받침, ㅌ 받침으로 끝나는 낱말이거나 'ㄷ, ㅅ, ㅈ, ㅊ, ㅌ' 받침 뒤에 자음자가 오면 ㄷ, ㅅ, ㅈ, ㅊ, ㅌ은 대표 소리 [ㄷ]으로 소리 납니다. 이러한 점에 유의하여 지도해 주세요.

📝 낱말을 소리 내어 읽은 다음 맞춤법에 맞게 따라 쓰세요.

🔊 이렇게 읽어요!　　✏️ 이렇게 써요!

① 깃발 ➡ [긷빨]　깃발

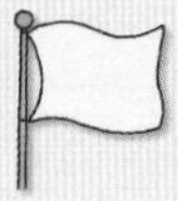

② 햇빛 ➡ [핻삗]　햇빛

③ 늦잠 ➡ [늗짬]　늦잠

④ 숟가락 ➡ [숟까락]　숟가락

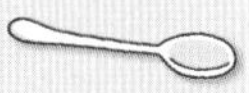

⑤ 돗자리 ➡ [돋짜리]　돗자리

⑥ 싣 다 ✛ 고 ➡ [싣꼬]　짐을 싣고 가요.

⑦ 짖 다 ✛ 고 ➡ [짇꼬]　개가 짖고 있어요.

⑧ 맡 다 ✛ 지 ➡ [맏찌]　냄새를 맡지 마세요.

61

📝 밑줄 친 말이 바르게 쓰인 문장에 ○표 하세요.

❶

아빠랑 | 뙤약볕 | 아래에서 산책을 해요.

아빠랑 | 뙤약볕 | 아래에서 산책을 해요.

❷

이제는 | 젇가락질 | 을 잘할 수 있어요.

이제는 | 젓가락질 | 을 잘할 수 있어요.

📝 밑줄 친 말을 맞춤법에 맞게 고친 것을 보기 에서 골라 쓰세요.

보기

| 맛 | 맞춤법 | 티읕 | 호박엿 | 몇 |

❶

'ㄷ'의 이름은 디귿, 'ㅌ'의 이름은 **티읃**.

→ ☐☐

❷

맏 좋은 울릉도 **호박엳** 사세요.

→ ☐   → ☐☐☐

❸

자동차 한 대에 **멷** 사람이 탈 수 있을까?

→ ☐

❹

맏춤법 시험에서 100점을 받았어요.

→ ☐☐☐

✏️ 정민이가 시를 썼는데 맞춤법에 맞지 않은 말들이 있어요. 잘못 쓴 말을 바르게 고쳐 쓰세요.

햇볕 이불

임정민

따스한 햇살에
스르르 눈이 감겨요.
낟잠을 잘래요. ①

이불을 덮어 주세요.
햇볕 이불 ②

아, 따뜰해요. ③

[ㄷ]으로 소리 나는 받침들을 잘못 썼구나.

① 낟잠 →

② 햇볕 →

③ 따뜯해요 →

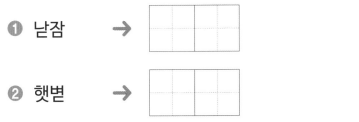

낮잠   낱잠

햇볕   햇볓

따뜻해요   따뜨태요

63

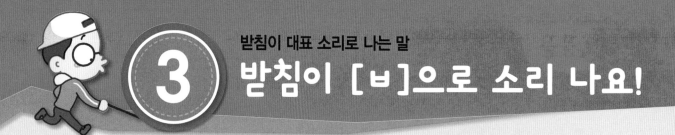

원리가 쏙쏙

💡 다음 장면에서 받침이 [ㅂ]으로 소리 나는 말을 모두 찾아 ○표 하세요.

형,
내가 형을 그렸어.
어때?

이게 나라고?
근데 '무릅'이 아니라
'무릎'이지.

얼굴
손
배꼽
무릎
발

부들
부들

똑같다.

≫ '배꼽, 무릎'의 소리와 모양에 대해 알아보세요.

	🔊 이렇게 읽어요!	✏️ 이렇게 써요!
ㅂ 받침 배꼽	[배꼽]	배꼽
ㅍ 받침 무릎	[무릅]	무릎

'배꼽'과 '무릎'을 소리 내어 읽으면 [배꼽]과 [무릅]으로 소리 나요. ㅂ 받침과
ㅍ 받침이 모두 [ㅂ]으로 소리 나는데, 이때 'ㅂ'을 ㅂ과 ㅍ의 대표 소리라고 해요.
이 말들을 쓸 때는 원래 받침을 그대로 살려서 써야 해요.

엄마만
보세요

ㅂ 받침, ㅍ 받침으로 끝나는 낱말이거나 'ㅂ, ㅍ' 받침 뒤에 자음자가 오면 ㅂ,
ㅍ은 대표 소리 [ㅂ]으로 소리 납니다. 이러한 점에 유의하여 지도해 주세요.

📝 낱말을 소리 내어 읽은 다음 맞춤법에 맞게 따라 쓰세요.

 이렇게 읽어요!   이렇게 써요!

①  입 ➡ [입] 입

②  숲 ➡ [숩] 숲

③  옆 ➡ [엽] 옆

④ 피읖 ➡ [피읍] 피읖

⑤ 높다 ➡ [놉따] 산이 높다.

⑥ 깊 다 지 ➡ [깁찌] 물이 깊지 않아요.

⑦ 짚 다 고 ➡ [집꼬] 땅을 짚고 헤엄쳐요.

⑧ 덮 다 고 ➡ [덥꼬] 이불을 덮고 자요.

65

📝 밑줄 친 말이 바르게 쓰인 문장을 고르세요.

①

👵 **잎사귀**가 좀 시들었구나. ☐

👧 물을 뿌리면 **입사귀**가 더 싱싱해질 거예요! ☐

②

👦 **집신**은 우리 조상들이 신던 신발이래. ☐

👧 아하! 여름에 **짚신**을 신고 다니면 시원할 것 같아요! ☐

📝 밑줄 친 말을 맞춤법에 맞게 고친 것을 보기 에서 찾아 쓰세요.

보기		
앞산	엎드리지	앞구르기

① 체육 시간에 **압구르기**를 했어요.

→ 체육 시간에 ☐☐☐☐☐ 를 했어요.

② **압산**과 뒷산에 진달래가 피었습니다.

→ ☐☐ 과 뒷산에 진달래가 피었습니다.

③ 공부 시간에는 책상에 **업뜨리지** 않아요.

→ 공부 시간에는 책상에 ☐☐☐☐☐ 않아요.

📝 태강이가 독서 감상문을 썼는데, 맞춤법에 맞지 않은 말들이 있어요. 잘못 쓴 말을 바르게 고쳐 쓰세요.

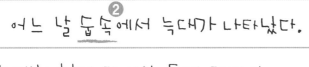

'아기 돼지 삼형제'를 읽고

아기 돼지 삼형제는 모두 다르게 집을 지었다.

첫째 돼지는 <u>볏찝</u>①으로 집을 짓고, 둘째 돼지는 나무로 집을 지었다.

그리고 셋째 돼지는 벽돌로 집을 지었다.

어느 날 <u>숩속</u>②에서 늑대가 나타났다.

늑대는 첫째 돼지와 둘째 돼지의

집을 금방 무너뜨렸다.

그런데 셋째 돼지의

벽돌집은 무너뜨리지 못했다.

<u>압문</u>③을 발로 차도 소용이 없었다. 셋째 돼지가

제일 똑똑한 것 같다.

받침을 모두 'ㅂ'으로 썼네.

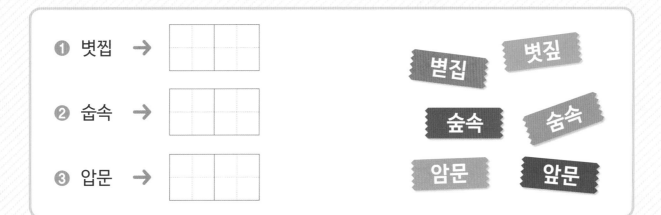

① 볏찝 →

② 숩속 →

③ 압문 →

볏집   볏짚

숩속   숲속

암문   앞문

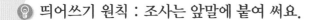

💡 띄어쓰기 원칙 : 조사는 앞말에 붙여 써요.

조사는 '은/는', '이/가', '을/를', '에', '의' 등으로 문장에서 혼자 쓰일 수 없는 말이에요. 그러므로 조사는 반드시 앞말과 붙여 써야 해요.

예 지우가∨꽃밭에∨꽃을∨심었다.
　　조사　　　조사　　조사

위 문장에서 '가', '에', '을'이 조사에 해당하고, 앞말에 붙여 써야 하기 때문에 '지우가', '꽃밭에', '꽃을'과 같이 써야 해요.

📝 문장에서 혼자 쓰일 수 없는 말에 ○표 하세요.

1. | 형 | 이 | 잠 | 을 | 자요 | .

2. | 집 | 앞 | 으로 | 10시 | 까지 | 와 | .

3. | 언니 | 가 | 수지 | 의 | 모자 | 를 | 써요 | .

'은/는, 이/가, 을/를, 의, 에서, 으로, 까지' 등은 혼자 쓰일 수 없어!

📝 문장을 바르게 띄어 쓴 것을 고르세요.

1.

❶ | 친구와 | 공놀이 | 를해요 | .

❷ | 친구 | 와 | 공놀이 | 를 | 해요 | .

❸ | 친구와 | 공놀이를 | 해요 | .

2.

❶ | 언니는키가 | 커요 | .

❷ | 언니 | 는 | 키 | 가 | 커요 | .

❸ | 언니는 | 키가 | 커요 | .

📝 띄어쓰기가 바른 문장을 고르세요.

1.
❶ 민지가　글씨를　써요.
❷ 민지　가　글씨　를써요.

2.
❶ 언니와　산에　올라갔어.
❷ 언니　와산　에　올라갔어.

📝 띄어쓰기에 유의하며 문장을 빈칸에 옮겨 쓰세요.

1. 할머니께서 ∨ 떡을 ∨ 주셨다.
∨ ∨ .

2. 수지도 ∨ 집으로 ∨ 갔어요.
∨ ∨ .

📝 띄어 써야 할 곳에 ∨표 하고, 문장을 바르게 옮겨 쓰세요.

1. 풍선이하늘로날아가요.

→

2. 소미는아침에운동을해요.

→

01

밑줄 친 말이 바르게 쓰인 것에는 ◯표, 잘못 쓰인 것에는 ✕표 하세요.

❶ 필통에서 지우개를 **찾지** 못했다. ( )

❷ 숟가락과 **젇가락**이 서로 장단을 맞춰요. ( )

❸ **낟잠**을 너무 많이 잤더니 머리가 아프다. ( )

❹ **숩속** 동물들이 모여서 왕을 뽑았어요. ( )

❺ 달걀 푼 것에 우유를 넣고 **섞다가** 물을 부어 주세요.
( )

02

낱말의 받침 소리와 같은 자음 카드를 찾아 이으세요.

❶ 앞 [압]
밥 [밥]   ·   ·   ㄱ

❷ 엿 [엳]
꽃 [꼳]   ·   ·   ㄷ

❸ 밖 [박]
벽 [벽]   ·   ·   ㅂ

03

다음을 바르게 쓴 것에 ◯표 하세요.

❶
꽃밭
꼳밭   꽃밫

❷
부억
부얶   부엌

❸
젖소
젇소   젇쏘

04

자음의 이름을 소리 나는 대로 썼어요. 바른 이름으로 고쳐 쓰세요.

❶ ㅋ
[키윽]
→

❷ ㅌ
[티읃]
→

❸ ㅍ
[피읍]
→

❹ ㅊ
[치읃]
→

05

빈칸에 알맞은 말을 보기 에서 골라 쓰세요.

보기
| 맏고 | 맏 | 무릎 |
| 맑고 | 맛 | 무릅 |

① 사냥개가 냄새를 [ ][ ] 킁킁거렸다.

② 이 떡은 [ ] 도 좋고 모양도 예뻐요.

③ 파도가 [ ][ ] 위까지 닿았어요.

06

밑줄 친 말을 바르게 고쳐 쓰세요.

① 어제 **옆집**으로 이사 왔어요.

→ [ ][ ]

② 우리 아빠는 **낙시**가 취미예요.

→ [ ][ ]

③ 이 **가마솓**보다 더 큰 솥은 없단다.

→ [ ][ ][ ]

④ 따사로운 **핻빋**과 맑은 공기가 좋아요.

→ [ ][ ]

◆ 다음을 대화를 읽고 물음에 답하세요.(7~9)

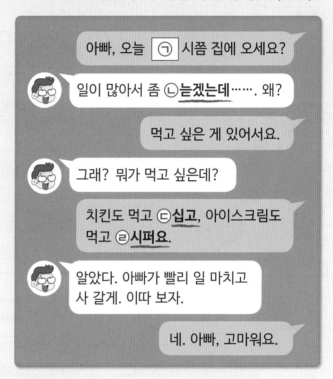

아빠, 오늘 ㉠ 시쯤 집에 오세요?

일이 많아서 좀 ㉡늘겠는데……. 왜?

먹고 싶은 게 있어서요.

그래? 뭐가 먹고 싶은데?

치킨도 먹고 ㉢십고, 아이스크림도 먹고 ㉣시퍼요.

알았다. 아빠가 빨리 일 마치고 사 갈게. 이따 보자.

네. 아빠, 고마워요.

07

㉠에 들어갈 알맞은 말은 무엇인가요? (   )

① 멷   ② 몃   ③ 몇   ④ 몇

08

㉡을 맞춤법에 맞게 고쳐 쓰세요.

㉡ 늘겠는데 → [ ][ ][ ][ ]

09

㉢과 ㉣을 맞춤법에 맞게 고쳐 쓰세요.

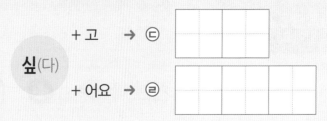

싶(다)

+ 고 → ㉢ [ ][ ]

+ 어요 → ㉣ [ ][ ][ ]

말놀이

공부하느라 힘들었죠? 쉬면서 말놀이를 해 볼까요?
로켓이 가는 길을 따라가면서 'ㅁ'이 붙어서 만들어진 낱말을 알아보아요.

놀라다　게으르다　아프다　꾸다　배고프다

어서 오세요.
로켓의 낱말에
'ㅁ'을 붙여 보세요.

낙석주의

 아픔　 꿈　 배고픔　 놀람　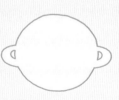 게으름

나도 만들 수
있어요!

기쁘다 ➕ 🔲 →

72

3

된소리가
나는 말

ㄱ 받침 ┐
ㄷ 받침 ├ 뒤   국수 [국쑤]
ㅂ 받침 ┘   숟가락 [숟까락]   74쪽
                접시 [접씨]

ㄴ 받침 ┐
ㄹ 받침 ├ 뒤   눈사람 [눈:싸람]
ㅁ 받침 │   발소리 [발쏘리]   78쪽
ㅇ 받침 ┘   담벼락 [담뼈락]
                등불 [등뿔]

띄어쓰기 특강 4 ──────────── 82쪽
종합 평가 4 ──────────── 84쪽
말놀이 ──────────── 86쪽

'ㄲ', 'ㄸ',
'ㅃ', 'ㅆ', 'ㅉ'
소리를 말해!

된소리가
뭐야?

원리가 쏙쏙

💡 다음 장면에서 잘못 쓴 말을 찾아 ○표 하세요.

소꿉놀이하는구나! 근데 '국수'랑 '숟가락', '접시'를 잘못 썼네.

젓가락 / 밥 / 김치 / 숟까락 / 국쑤 / 접씨

》 '국수, 숟가락, 접시'의 소리와 모양에 대해 알아보세요.

ㄱ 받침 뒤	ㄷ 받침 뒤	ㅂ 받침 뒤
국수	**숟가락**	**접시**
🔊 이렇게 읽어요! [국쑤]	[숟까락]	[접씨]
✏️ 이렇게 써요! 국 수	숟 가 락	접 시

앞말의 받침이 ㄱ, ㄷ, ㅂ일 때 '수'는 [쑤], '가'는 [까], '시'는 [씨]와 같이 된소리로 소리 나요. 그렇지만 쓸 때는 원래대로 써야 해요.

엄마만 보세요 ㄱ 받침, ㄷ 받침, ㅂ 받침 뒤에 오는 'ㄱ, ㄷ, ㅂ, ㅅ, ㅈ'은 된소리 [ㄲ, ㄸ, ㅃ, ㅆ, ㅉ]으로 바뀌어 소리 납니다. 이러한 점에 유의하여 지도해 주세요.

📝 낱말을 소리 내어 읽은 다음 맞춤법에 맞게 따라 쓰세요.

🔊 이렇게 읽어요!   ✏️ 이렇게 써요!

소리 나는 대로 쓰지 말고
원래 글자를
생각해서 쓰세요.

① 떡국   [떡꾹]   떡 국

② 급식   [급씩]   급 식

③ 돋보기   [돋뽀기]   돋 보 기

④ 입다   [입따]   옷을 입 다 .

⑤ 찍다   [찍따]   사진을 찍 다 .

⑥ 좁다   [좁따]   골목이 좁 다 .

⑦ 묻 다 고   [묻꼬]   길을 묻 고 있어요.

⑧ 먹 다 지   [먹찌]   죽도 먹 지 못하겠어요.

✏️ 그림의 이름을 말한 다음 바르게 쓴 낱말에 ◯표 하세요.

❶ 독수리 | 독쑤리

❷ 쓰레받끼 | 쓰레받기

❸ 고속도로 | 고속또로

✏️ 대화를 읽고, 밑줄 친 말을 맞춤법에 맞게 고쳐 쓰세요.

❶

밥쏱이 고장 났는데 **저녁빱**을 어떡하지?

학교 앞에 **음식쩜**이 새로 생겼어요! 오늘 외식해요!

밥쏱 →

저녁빱 →

음식쩜 →

❷

오늘 **급씩**에 내가 제일 좋아하는 **미역꾹**이 있네.

깍뚜기도 있어! 빨리 줄 서자!

급씩 →

미역꾹 →

깍뚜기 →

📝 2학년 8반 반장 도현이가 수련회 계획을 세우고 있어요. 친구들에게 알려 주기 전에 잘못 쓴 말을 바르게 고쳐 쓰세요.

2학년 8반 수련회 계획

모두 된소리를 썼네.

● 일시: 8월 13일

● 장소: 경기도 가평군 푸른 수련원

● 일정

▷ 2시 ~ 4시: 축꾸❶ 시합

▷ 4시 ~ 6시: 옥쑤수❷ 따기

▷ 6시 ~ 7시: 저녁 식사

▷ 7시 ~ 8시: 술래잡끼❸

▷ 8시 ~ 9시: 모닥뿔❹ 앞에서 장기 자랑 대회

❶ 축꾸 →

❷ 옥쑤수 →

❸ 술래잡끼 →

❹ 모닥뿔 →

축구   축쿠

옥수쑤   옥수수

술래잡기

술래잡키

모닥풀   모닥불

2 ㄴ, ㄹ, ㅁ, ㅇ 받침 뒤에 나는 된소리

원리가 쏙쏙

💡 밑줄 친 말의 소리와 모양에 유의하며 읽어 보세요.

밤 열두 시예요.

등불을 켜지 마세요.
[등뿔]

발소리도 내지 마세요.
[발쏘리]

담벼락에 바짝 붙어 서요.
[담뼈락]

쉿, **눈사람**이 움직이고 있어요.
　　[눈ː싸람]

》 '눈사람, 발소리, 담벼락, 등불'의 소리와 모양에 대해 알아보세요.

ㄴ 받침 뒤	ㄹ 받침 뒤	ㅁ 받침 뒤	ㅇ 받침 뒤
눈사람	**발소리**	**담벼락**	**등불**
🔊 이렇게 읽어요! [눈ː싸람]	[발쏘리]	[담뼈락]	[등뿔]
✏️ 이렇게 써요! 눈 사 람	발 소 리	담 벼 락	등 불

 앞말의 받침이 ㄴ, ㄹ, ㅁ, ㅇ일 때 '사'는 [싸]로, '소'는 [쏘]로, '벼'는 [뼈]로, '불'은 [뿔]과 같이 된소리로 소리 나요. 그렇지만 쓸 때는 원래대로 써야 해요.

 엄마만 보세요　ㄴ 받침, ㄹ 받침, ㅁ 받침, ㅇ 받침 뒤에 오는 'ㄱ, ㄷ, ㅂ, ㅅ, ㅈ'은 된소리 [ㄲ, ㄸ, ㅃ, ㅆ, ㅉ]으로 바뀌어 소리 납니다. 이러한 점에 유의하여 지도해 주세요.

📝 낱말을 소리 내어 읽은 다음 맞춤법에 맞게 따라 쓰세요.

🔊 이렇게 읽어요!　　✏️ 이렇게 써요!

❶ **산새**　[산쌔]　산 새

❷ **물방울**　[물빵울]　물 방 울

❸ **금덩이**　[금떵이]　금 덩 이

❹ **방바닥**　[방빠닥]　방 바 닥

❺ **검다**　[검ː따]　색이 검 다 .

❻ **심 다 자**　[심ː짜]　나무를 심 자 .

❼ **신 다 고**　[신ː꼬]　신을 신 고 있어요.

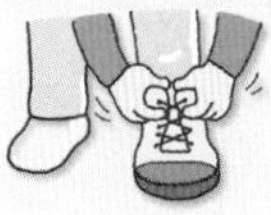

❽ **남 다 지**　[남ː찌]　물이 남 지 않았어요.

실력이 쑥쑥

✏️ 맞춤법에 맞게 쓴 문장을 고르세요.

①

ㄱ 여보세요? 119죠? **산뿔**이 났어요.

ㄴ 여보세요? 119죠? **산불**이 났어요.

②

ㄱ **산봉우리**에 눈이 쌓여 있어요.

ㄴ **산뽕우리**에 눈이 쌓여 있어요.

③

ㄱ 앞으로 **열심히** 공부할게요.

ㄴ 앞으로 **열씸히** 공부할게요.

✏️ 맞춤법에 맞게 쓴 낱말에 ◯표 하고, 문장을 완성하세요.

①

발바닥

발빠닥

많이 걸었더니  이 아파요.

②

남지

남찌

아이들이 한 명도 교실에 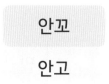 않았어요.

③

안꼬

안고

인형을  자야 잠을 잘 수 있어요.

80

✏️ 민정이가 만화를 그렸는데 맞춤법에 맞지 않은 말들이 있어요. 잘못 쓴 말을 바르게 고쳐 쓰세요.

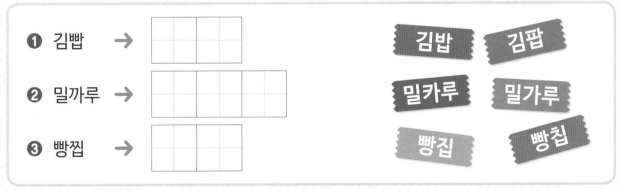

❶ 김빱 →

❷ 밀까루 →

❸ 빵찝 →

김밥　김팝

밀카루　밀가루

빵집　빵칩

💡 띄어쓰기 원칙 : 꾸며 주는 말은 뒷말과 띄어 써요.

'꾸며 주는 말'은 뒤에 오는 말을 자세하게 나타내 주는 말을 가리켜요.
꾸며 주는 말은 꾸밈을 받는 말과 띄어 써요.

예 귀여운∨아기가∨아장아장∨걸어요.
　　꾸며 주는 말　　　　꾸며 주는 말

위 문장에서 꾸며 주는 말은 '귀여운'과 '아장아장'이에요. '귀여운'은 '아기'를 꾸며 주고,
'아장아장'은 '걸어요'를 꾸며 주기 때문에 위와 같이 띄어 써야 해요.

✏️ 꾸며 주는 말에 ○표 하세요.

1. ⊙빨간 　모자

2. 시원한 　바람

3. 큰 　가방

4. 재미있게 　놀아요.

5. 예쁘게 　웃어요.

6. 반짝반짝 　빛나는 　별

가끔 꾸며 주는
말이 두 번 나오기도 해요.

✏️ 문장을 바르게 띄어 쓴 것을 고르세요.

1.

　❶ 작은새싹이 　피었어요 .

　❷ 작은 　새싹이 　피었어요 .

　❸ 작은 　새싹이피었어요 .

2.

　❶ 윤주가 　활짝웃었어요 .

　❷ 윤주가활짝 　웃었어요 .

　❸ 윤주가 　활짝 　웃었어요 .

✎ 띄어쓰기가 바른 문장을 고르세요.

1. ❶ | 어 | 디 | 서 | | 작 | 은 | 소 | 리 | 가 | | 들 | 려 | . | |

❷ | 어 | 디 | 서 | | 작 | 은 | | 소 | 리 | 가 | | 들 | 려 | . |

2. ❶ | 주 | 위 | 가 | | 갑 | 자 | 기 | | 어 | 두 | 워 | 졌 | 어 | . |

❷ | 주 | 위 | 가 | | 갑 | 자 | 기 | 어 | 두 | 워 | 졌 | 어 | . | |

✎ 띄어쓰기에 유의하며 문장을 빈칸에 옮겨 쓰세요.

1. | 귀 | 여 | 운 | ∨ | 강 | 아 | 지 | 가 | ∨ | 따 | 라 | 와 | 요 | . |
| | | | ∨ | | | | | ∨ | | | | | |

2. | 나 | 는 | ∨ | 매 | 운 | ∨ | 음 | 식 | 을 | ∨ | 좋 | 아 | 해 | 요 | . |
| | | ∨ | | | ∨ | | | | ∨ | | | | | |

✎ 띄어 써야 할 곳에 ∨표 하고, 문장을 바르게 옮겨 쓰세요.

1. 소진이가열심히공부해요.

　→

2. 친절한아저씨를공원에서만났어.

　→

01

다음을 바르게 쓴 것에 ○표 하세요.

❶

김밥

김팝   김빱

❷

돗보기

돋보기   돋뽀기

❸

모닥뿔

모닥풀   모닥불

02

맞춤법에 맞는 말에 ○표 하세요.

❶ 다 함께 손을 | 잡꼬 : 잡고 | 노래를 불렀다.

❷ 너무 많이 걸었더니 | 발바닥 : 발빠닥 | 이 아파요.

❸ 미술관 안에서는 사진을 | 찍찌 : 찍지 | 않습니다.

❹ 길에서 | 금떵이 : 금덩이 | 를 주우면 어떻게 할래?

❺ 나는 배추김치보다 아삭한 | 깍뚜기 : 깍두기 | 를
더 좋아해.

03

빈칸에 들어갈 알맞은 말에 ○표 하세요.

❶ [   ] 은 다른 말로 '더하기'라고 한다.

덧셈   덧쎔

❷ 외식을 하기 위해 온 가족이 [   ] 에 갔다.

음식쩜   음식점

❸ 공부를 열심히 했더니 배가 [   ] 고팠다.

몹시   몹씨

04

소리 나는 대로 쓴 것을 바르게 고쳐 쓰세요.

❶ 국쑤   →

❷ 입따   →

❸ 담뼈락   →

❹ 물빵울   →

05

빈칸에 알맞은 말을 보기에서 골라 쓰세요.

보기
술래잡기	열심히	독수리	고속또로
술래잡끼	열씸히	독쑤리	고속도로

❶ 친구들과 [   ]를 하며 놀았다.

❷ 방학 동안 [   ] 수영을 배웠다.

❸ 커다란 [   ]가 하늘을 날고 있다.

❹ [   ]에 자동차들이 꽉 밀려 있었다.

06

밑줄 친 말을 바르게 고쳐 쓰세요.

❶ 옆 반 아이들과 **축꾸** 시합을 했다.

→

❷ 해가 뜨자 **눈싸람**이 녹기 시작했다.

→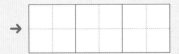

❸ 어두워서 안 보이니까 **등뿔**을 켜라.

→

❹ 할머니의 **돋뽀기** 안경을 쓰면 머리가 어지럽다.

→

◆ **다음 글을 읽고 물음에 답하세요.(7~10)**

10월 16일 금요일   날씨: 맑음
제목: 내 생일
오늘은 내 생일이다. 아침에 엄마께서 ㉠**미역꾹**을 끓여 주셨다. 맛있는 케이크도 ㉡**먹꼬** 선물도 받았다.
그런데 ㉢**학꾜**에서 상까지 받았다. 합창 대회에서 [㉣]을 받은 거다. 정말 기분 좋은 하루였다.

07

㉠을 맞춤법에 맞게 고쳐 쓰세요.

㉠ 미역꾹 → [   ][   ][   ]

08

보기를 참고하여 ㉡을 맞춤법에 맞게 고쳐 쓰세요.

보기
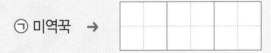

받(다) + 고 → 받고

㉡ 먹(다) + 고 → [   ][   ]

09

㉢을 바르게 고친 말에 ◯표 하세요.

하꾜		학교

10

㉣에 들어갈 알맞은 말은 무엇인가요? (   )

❶ 인가상   ❷ 인끼상   ❸ 인키상   ❹ 인귀상

공부하느라 힘들었죠? 쉬면서 말놀이를 해 볼까요?
풍선이 가는 길을 따라가면서 '음'이 붙어서 만들어진 낱말을 알아보아요.

볶다　웃다　수줍다　젊다　믿다

음

열기구를 타고
풍선 속 낱말에
'음'을 붙여 보세요.

웃음　수줍음　볶음　젊음　믿음

나도 만들 수
있어요!

얼다　➕　음　→

4

헷갈리기 쉬운 낱말

ㅐ와 ㅔ가 들어 있는 낱말	채소, 체조	88쪽
ㅖ가 들어 있는 낱말	계속, 계이름	92쪽
ㅘ가 들어 있는 낱말	과수원, 좌석	96쪽
ㅝ가 들어 있는 낱말	월요일, 태권도	100쪽
띄어쓰기 특강 5		104쪽
종합 평가 5		106쪽
말놀이		108쪽

헷갈리잖아.
'ㅐ'와 'ㅔ'와 'ㅖ'를
구별할 수 있어?

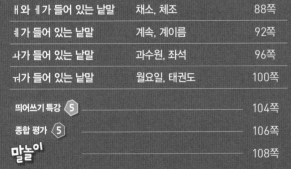

'ㅐ'하고 'ㅔ'를
제일 많이
틀린대.

💡 친구들이 잘못 쓴 글자를 살펴보세요.

'힘내세요'의 '세'를 '새'로 잘못 쓰고, '사이좋게'의 '게'를 '개'로 잘못 썼구나.

» 힘내새요와 사이좋개를 바르게 고쳐 쓴 것에 ○표 하세요.

❶ 힘내세요   힘내셰요   ❷ 사이좋게   사이좋캐

💡 색 글자에 유의하며 낱말을 소리 내어 읽어 보세요.

    개   모래   채소

    게   모레   체조

 'ㅐ'와 'ㅔ'는 비슷한 소리가 나기 때문에 틀리게 쓰기 쉬워요. 각각의 의미에 맞는 글자의 모양을 잘 기억해 두었다가 맞춤법에 맞게 쓰도록 하세요.

'ㅐ'와 'ㅔ'가 들어 있는 낱말을 소리 내어 읽고 바르게 따라 쓰세요.

이렇게 써요!   한 번 더 써요!

1 배추 → 배추 [ ]

'ㅐ'가 들어간 낱말이다!

2 조개 → 조개 [ ]

3 대나무 → 대나무 [ ]

4 그래서 → 그래서 [ ]

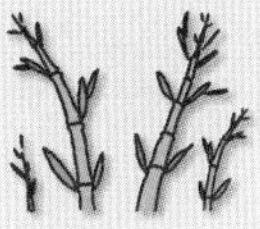

5 그네 → 그네 [ ]

이번엔 'ㅔ'가 들어간 말이야.

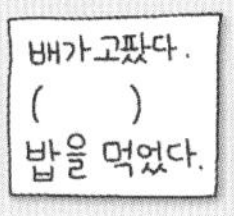

6 쓰레기 → 쓰레기 [ ]

7 데리고 → 데리고 가요. [ ] 가요.

8 헤어지다 → 헤어지다. [ ].

헷갈리기 쉬운 낱말

89

✎ 밑줄 친 말을 바르게 쓴 문장에 ✓표 하세요.

❶ 어려운 수학 **문제**를 풀었어요. ☐

어려운 수학 **문재**를 풀었어요. ☐

❷ 이를 닦고 **세수**를 했어요. ☐

이를 닦고 **새수**를 했어요. ☐

✎ 빈칸에 들어갈 알맞은 말에 ○표 하고, 바르게 옮겨 쓰세요.

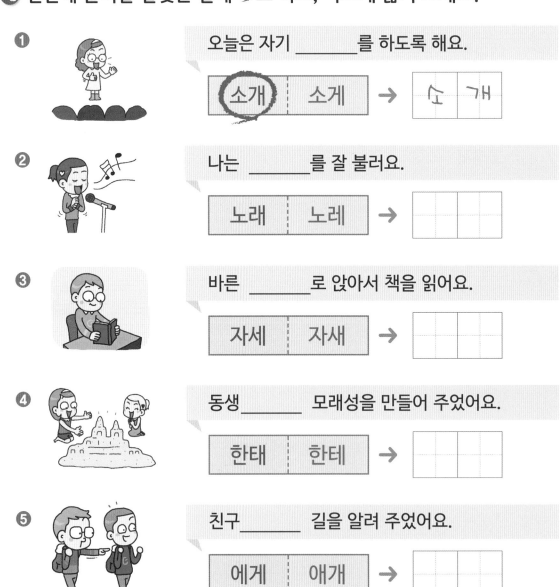

❶ 오늘은 자기 _____를 하도록 해요.

| (소개) | 소게 | → | 소 | 개 |

❷ 나는 _____를 잘 불러요.

| 노래 | 노레 | → | | |

❸ 바른 _____로 앉아서 책을 읽어요.

| 자세 | 자새 | → | | |

❹ 동생_____ 모래성을 만들어 주었어요.

| 한태 | 한테 | → | | |

❺ 친구_____ 길을 알려 주었어요.

| 에게 | 애개 | → | | |

✏️ 다롬이가 받아쓰기한 거예요. 틀린 것을 바르게 고쳐 쓰세요.

○학년 ○반 ○번 최다롬

1. 색종이를 세모로 접어 보세요.

> 베개 등을
> 머리 아래에 받친다는
> 뜻을 가진 말은
> '베다'야.

2. 우리 집 개 이름은 짱구야.

3. 베개를 안 <u>배고</u> 자서 목이 아프다.

> 물건을 셀 때는
> '한 개, 두 개, 세 개'
> 와 같이 세는 거야.

4. 바나나 두 <u>게</u>를 먹었어요.

5. 친구에게 교과서를 빌려 주었다.

> '그레서'의 '레'를
> 잘못 썼어.

6. 비가 왔다. <u>그레서</u> 밖에 못 나갔다.

3. 배고 →

4. 게 →

6. 그레서 →

원리가 쏙쏙

💡 친구들이 잘못 쓴 글자를 살펴보세요.

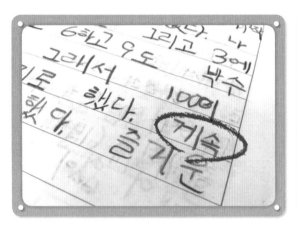

'도, 레, 미, 파 ……' 계이름 아니야?

» 계속과 개이름을 바르게 고쳐 쓴 것에 ◯표 하세요.

❶ 　계속　 　개속　　　　❷ 　게이름　 　계이름

💡 색 글자에 유의하며 낱말을 소리 내어 읽어 보세요.

  게임　　　 에어컨　　　 페트병

  시계　　　 예절　　　 폐품

'ㅖ'는 'ㅕ'와 'ㅣ'가 합쳐진 글자예요. 'ㅔ'와 많이 헷갈리지요?
'ㅖ'가 들어간 글자의 모양을 잘 기억해 두었다가 맞춤법에 맞게 쓰세요.

 엄마만 보세요　맞춤법 조항에 〈'계, 례, 몌, 폐, 혜'의 'ㅖ'는 'ㅔ'로 소리 나는 경우가 있더라도 'ㅖ'로 적는다.〉라고 나와요. 예를 들어 '시계, 폐품'은
[시게, 페품]으로 소리 나지만, '시계, 폐품'이라고 적어야 해요. 그러니까 아이들에게도 'ㅖ'가 들어간 글자를 잘 기억하도록 지도해 주세요.

📝 '계'가 들어 있는 낱말을 소리 내어 읽고 바르게 따라 쓰세요.

✏️ 이렇게 써요!   ✏️ 한 번 더 써요!

❶ 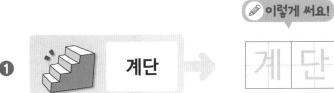 계단 ➡️ 계단

❷  차례 ➡️ 차례

'ㅖ'는 'ㅕ'를 먼저
쓰고, 'ㅣ'를 나중에
써야 해.

❸  예습 ➡️ 예습

❹  계절 ➡️ 계절

❺  세계 ➡️ 세계

❻  서예 ➡️ 서예

❼  예쁘다 ➡️ 예쁘다

❽ 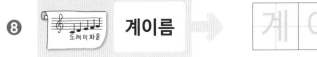 계이름 ➡️ 계이름

헷갈리기 쉬운 낱말

93

✎ 그림의 이름을 말한 다음 바르게 쓴 낱말에 ◯표 하세요.

❶

| 에식장 | 예식장 |

❷

| 계량컵 | 게량컵 |

❸

| 게곡 | 계곡 |

✎ 맞춤법에 맞게 쓴 낱말에 ◯표 하고, 문장을 완성하세요.

❶
페지

| 페 | 지 | 를 한곳에 모아 둡시다.

❷ 외게인
외계인

꿈에서 [   ] 을 만났어요.

❸ 계획표
게획표

방학 생활 [   ] 를 만들어요.

❹ 계속
게속

[   ] 걸었더니 다리가 아파요.

94

✏️ 세준이가 받아쓰기한 거예요. 틀린 것을 바르게 고쳐 쓰세요.

○학년 ○반 ○번 정세준

1. 아버지께서 집에 <u>계십니다</u>.

'있다'의 높임말이 뭐였지?

2. 예절 바르게 인사합니다.

3. 이모가 예식장에서 결혼식을 했어요.

'기계'의 '게'를 잘못 썼어.

4. <u>기게</u>를 함부로 만지면 고장 나요.

5. 우리나라에서 동계 올림픽이 열려요.

6. 부모님 <u>은헤</u>에 보답할게요.

'남에게 베푸는 매우 고마운 일'을 뜻하는 낱말은 어떻게 쓰지?

1. 계십니다 →

4. 기게 →

6. 은헤 →

💡 친구들이 잘못 쓴 글자를 살펴보세요.

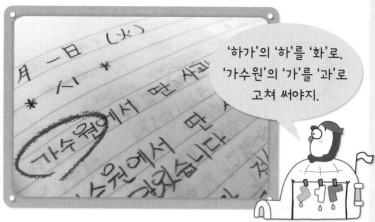

'하가'의 '하'를 '화'로, '가수원'의 '가'를 '과'로 고쳐 써야지.

》 하가와 가수원을 바르게 고쳐 쓴 것에 ○표 하세요.

❶ 화가   화과   ❷ 과수언   과수원

💡 색 글자에 유의하며 낱말을 소리 내어 읽어 보세요.

  가수   자석   하늘

  과수원   좌석   화분

 '과'는 'ㅗ'와 'ㅏ'가 합쳐진 글자예요. 글자를 소리 내어 읽으면서 'ㅏ'처럼 소리 내지 않도록 주의하세요. 글자의 모양도 잘 기억해 두고요.

◎ '놔'가 들어 있는 낱말을 소리 내어 읽고 바르게 따라 쓰세요.

✏️이렇게 써요!　　✏️한번 더 써요!

❶  과일 ➡️ 과 일

❷  전화 ➡️ 전 화

❸  좌석 ➡️ 좌 석

❹  관광 ➡️ 관 광

❺  쾅쾅 ➡️ 쾅 쾅

❻  기와집 ➡️ 기 와 집

❼  화장실 ➡️ 화 장 실

❽ 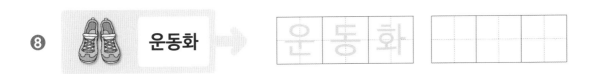 운동화 ➡️ 운 동 화

✎ 맞춤법에 맞게 쓴 낱말에 ○표 하세요.

❶
| 하장실 |
| 화장실 |
에 가고 싶어요.

❷ 저는 요리에
| 관심 |
| 간심 |
많아요.

✎ 알맞은 말에 ○표 하고, 빈칸에 옮겨 쓰세요.

❶ 우리 할머니는 피부가 참 (고아요 / 고와요).

→ 우리 할머니는 피부가 참 | 고 | 와 | 요 | .

❷ 여기를 (봐 / 바) 주세요.

→ 여기를 | | | 주세요.

❸ 엄마가 (하장 / 화장)을 하고 있어요.

→ 엄마가 | | | 을 하고 있어요.

❹ (사과 / 사가)가 주렁주렁 열렸어요.

→ | | | 가 주렁주렁 열렸어요.

❺ 극장에 빈 (자석 / 좌석)이 없어요.

→ 극장에 빈 | | | 이 없어요.

📝 민지가 받아쓰기한 거예요. 틀린 것을 바르게 고쳐 쓰세요.

○학년 ○반 ○번   김민지

1. 아기가 거울을 <u>바요</u>.

'보아요'가 줄어든 말을 써야지.

2. 저는 음악에 관심이 없어요.

3. 이 그림의 화가는 누구예요?

임금이 머리에 쓰는 관을 뭐라고 하게?

4. 황금 <u>왕간</u>이 저기 있어요.

5. 휴대 전화 광고를 밨어요.

'빵집'을 가리키는 말을 잘못 썼어.

6. <u>제가점</u>에서 빵을 샀어요.

1. 바요 →

4. 왕간 →

6. 제가점 →

 원리가 쏙쏙

💡 친구들이 잘못 쓴 글자를 살펴보세요.

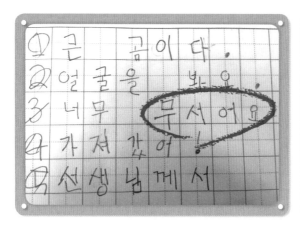

'뭐'는 '무어'를 줄인 말인데, '머'로 잘못 썼네요.

» 무서어요와 머를 바르게 고쳐 쓴 것에 ◯표 하세요.

❶ | 무서워요 | | 무서와요 |

❷ | 뭐 | | 모 |

💡 색 글자에 유의하며 낱말을 소리 내어 읽어 보세요.

  건강   언니   걸레

  권투   원피스   궁궐

 'ㅟ'는 'ㅜ'와 'ㅓ'가 합쳐진 글자예요. 글자를 소리 내어 읽으면서 'ㅓ'처럼 소리 내지 않도록 주의하세요. 글자의 모양도 잘 기억해 두고요.

◉ '궈'가 들어 있는 낱말을 소리 내어 읽고 바르게 따라 쓰세요.

❶  꿩 → 꿩

❷  공원 → 공원

❸  훨훨 → 훨훨

❹  원숭이 → 원숭이

❺  월요일 → 월요일

❻  태권도 → 태권도

❼  더워요 → 더워요

❽  반가워 → 반가워

✎ 맞춤법에 맞게 쓴 말에 ◯표 하세요.

① 백 (언 / 원)짜리 동전   ② 동화책 한 (권 / 건)

✎ 알맞은 말에 ◯표 하고, 빈칸에 옮겨 쓰세요.

①
내가 빵을 똑같이 (나눠 / 나너) 줄게.

→ 내가 빵을 똑같이 | 나 | 눠 | 줄게.

②
국화꽃이 (아름다워요 / 아름다어요).

→ 국화꽃이 | | | | | | .

③
간식으로 (뭘 / 멀) 먹을지 고민이에요.

→ 간식으로 | | 먹을지 고민이에요.

④
선물 (고마워요 / 고마와요).

→ 선물 | | | | | .

아빠도 가끔 헷갈려요

친구에게 어떤 일을 부탁할 때 '∼해 조.'라고 잘못 쓰는 경우가 많아요. 맞춤법에 맞게 고치면 '∼해 줘.'
와 같이 '줘'를 써야 해요. 이때 '줘'는 '주(다)＋어'가 줄어든 말이에요.
예 돌려줘 (○) 돌려조 (×) / 받아 줘 (○) 받아 조 (×)

📝 지후가 받아쓰기한 거예요. 틀린 것을 바르게 고쳐 쓰세요.

○학년 ○반 ○번 이지후

/1. 임금님이 살던 <u>궁걸</u>

옛날에 임금님이 살던 집은? '대궐'과 비슷한 말이야.

(2.) 이야기가 그렇게 우스워요?

/3. 우리의 <u>소언</u>은 통일

바라고 원하는 일을 뭐라고 하지?

(4.) 걸레가 더러워졌어.

/5. 강아지가 무척 <u>귀여어요.</u>

'고맙다'는 '고마워', '정답다'는 '정다워'야. 그럼 '귀엽다'는?

(6.) 나는 사랑 유치원에 다녔어.

---

1. 궁걸 →

3. 소언 →

5. 귀여어요 →

단위를 나타내는 말은 띄어 써요!

💡 **띄어쓰기 원칙 1 : 단위를 나타내는 말은 띄어 써요.**

사탕을 셀 때 어떤 단위를 쓰나요? '사탕 두∨개'라고 쓰죠? 여기서 '개'는 단위를 나타 내는 말로 앞의 수를 나타내는 말과 띄어 써요. 단위를 나타내는 말에는 '송이, 마리, 자 루, 명, 대, 그루'와 같은 게 있어요.

💡 **띄어쓰기 원칙 2 : 단위를 나타내는 말 뒤에 오는 조사는 붙여 써요.**

단위를 나타내는 말 뒤에 '이/가, 을/를, 만, 이다' 등 문장에서
혼자 쓰이지 못하는 조사가 오면 반드시 붙여 써야 해요.

예 한∨명만∨따라오세요. (○)　　　한∨명∨만∨따라오세요. (×)

여기서 혼자 쓰이지 못하는 말은 '만'이에요. '만'은 단위를 나타내는 말 '명' 뒤에 반드시 붙여 써야 해요.

🖋 **빈칸에 들어갈 말을 알맞게 이으세요.**

1. 개 한 ☐

2. 나무 두 ☐

3.  옷 세 ☐

| 그루 | 마리 | 벌 |

🖋 **단위를 나타내는 말의 띄어쓰기가 바른 것을 고르세요.**

1. ❶ 어린이 세명

　❷ 어린이 세 명

2. ❶ 자동차 한 대

　❷ 자동차 한대

◈ 띄어쓰기에 유의하며 문장을 빈칸에 옮겨 쓰세요.

1.

운	동	화	∨	두	∨	켤	레	가	∨	있	어	요	.	
			∨		∨				∨					

2.

나	는	∨	지	금	∨	아	홉	∨	살	이	다	.	
		∨			∨			∨					

3.

고	구	마	∨	한	∨	개	만	∨	먹	을	게	.	
			∨		∨			∨					

'켤레'는 신발을, '살'은 나이를, '개'는 물건을 셀 때 사용하는 단위예요.

◈ 띄어 써야 할 곳에 ∨표 하고, 문장을 바르게 옮겨 쓰세요.

1. 마당에꽃세송이를심었다.

　→ _____

2. 문방구에서연필두자루를샀다.

　→ _____

띄어쓰기 쉬워지는 TIP

단위를 나타내는 말이 순서를 나타내는 경우나 숫자와 함께 쓰일 때에는 앞말과 붙여 쓸 수도 있어요.
예 이 학년 삼 반(○) / 이학년 삼반(○) / 2학년 3반(○)
　　한 시 십오 분(○) / 한시 십오분(○) / 1시 15분(○)

01

밑줄 친 말이 바르게 쓰인 것에는 ○표, 잘못 쓰인 것에는 ✕표 하세요.

❶ 나도 <u>태건도</u>를 배우고 싶다. ( )

❷ 엄마가 아기를 <u>데리고</u> 산책을 해요. ( )

❸ <u>차래</u>를 지키면 모두 기분이 좋아요. ( )

❹ 올림픽은 <u>세계</u> 모든 사람들의 축제이다. ( )

❺ 웃어른을 만나면 <u>예절</u> 바르게 인사해요. ( )

02

다음을 바르게 쓴 것에 ○표 하세요.

❶

| 운동화 |
| 운동하 | 운동아 |

❷

| 쓰래기통 |
| 쓰레기통 | 쓰레기통 |

❸

| 계단 |
| 개단 | 게단 |

03

잘못 쓴 낱말을 바르게 고친 것에 ○표 하세요.

❶ 극장에 빈 자석이 거의 없어요.

| 좌석 | 재석 |

❷ 이 길은 원레 차가 안 다녔다.

| 원례 | 원래 |

❸ 고기랑 체소를 골고루 먹어야지.

| 최소 | 채소 |

❹ 내가 좋아하는 게절은 여름이야.

| 개절 | 계절 |

04

빈칸에 들어갈 말을 알맞게 이으세요.

❶ 이 [   ]는 누구 거야?
  • ㉠ 시게
  • ㉡ 시계

❷ 놀이터에서 [   ]를 타고 싶어요.
  • ㉠ 그내
  • ㉡ 그네

❸ 나는 [   ] 김치를 제일 좋아해.
  • ㉠ 배추
  • ㉡ 베추

❹ 부모님의 [   ]에 보답할게요.
  • ㉠ 은해
  • ㉡ 은혜

05

맞춤법에 맞는 말에 ◯표 하세요.

❶ 과일 중에서 | 머 : 뭐 | 를 살까?

❷ | 페지 : 폐지 | 를 재활용할 수 있어.

❸ 누나 | 한테 : 한태 | 색연필을 빌렸다.

❹ 피자를 동생이랑 | 나너 : 나눠 | 먹었어요.

❺ 하루 종일 날씨가 더웠다. | 그레서 : 그래서 | 찬물을 많이 마셨다.

06

빈칸에 알맞은 말을 보기 에서 골라 쓰세요.

보기			
관심	간심	멀	뭘
소게	소개	개	게

❶ 사과 열 [　] 를 샀어요.

❷ 나는 운동에 [　] 이 없어.

❸ 저녁으로 [　] 먹을까요?

❹ 엄마, 제 친구를 [　] 할게요.

◈ **받아쓰기 공책을 보고 물음에 답하세요.(7~9)**

1	개가 멍멍 짖었다.
2	내일 ㉠<u>모래</u>가 내 생일이야.
3	맨손 ㉡<u>채조</u>를 따라 해 봐.
4	친구들과 헤어져 집에 왔어요.
5	바른 자세로 앉아서 책을 읽자.
6	언니한테 과자를 나눠 주었어.
7	내가 ㉢<u>도아줄까</u>?
8	계곡에서 물놀이를 했어요.
9	일주일 동안 　㉣　 비가 왔어요.
10	동화책　두 ㉤<u>건</u>을 읽었다.

07

㉠~㉢을 바르게 고쳐 쓴 것에 ◯표 하세요.

❶ ㉠ 모래 → 모레 (　　　)

❷ ㉡ 채조 → 체조 (　　　)

❸ ㉢ 도아줄까 → 도와주까 (　　　)

08

㉣에 들어갈 알맞은 말에 ◯표 하세요.

| 개속 | | 계속 | | 게속 |

09

㉤을 맞춤법에 맞게 고쳐 쓰세요.

㉤ 건 → [　]

공부하느라 힘들었죠? 쉬면서 말놀이를 해 볼까요?
참외 덩굴을 따라가면서 '개'가 붙어서 만들어진 낱말을 알아보아요.

따다　덪다　날다　베다　지우다

개

쉿! 원두막에 들어온 참외 속 낱말에 **'개'**를 붙여 보세요. 커다란 수박을 몰래 먹을 수 있어요.

따개　날개　베개　덪개　지우개

나도 만들 수 있어요!

오줌＋싸다　➕　개　⟶

108

5

뜻에 맞게 구별해서 써야 할 말

가리키다 / 가르치다	110쪽
날다 / 나르다	112쪽
다르다 / 틀리다	114쪽
맞추다 / 마치다 / 맞히다	116쪽
버리다 / 벌리다 / 벌이다	118쪽
앉다 / 않다	120쪽
잃어버리다 / 잊어버리다	122쪽
적다 / 작다	124쪽
종합 평가 ⑥	126쪽
말놀이	128쪽

가르쳐 주면
잊어버리지 않기!

나에게 맞춤법
가르쳐 줘.

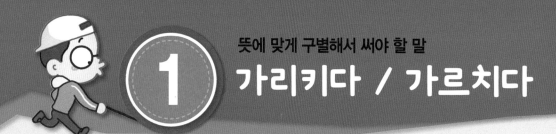

🔆 "혹부리 영감" 이야기에서 혹부리 영감이 도깨비를 만났어요. 무슨 이야기를 하는지 살펴보고, 색 글자로 된 두 낱말의 뜻을 알아보세요.

도깨비는 혹부리 영감의 얼굴에 달린 혹을 가리키며 말했어요.

이 혹은 노래와 아무 상관이 없단다. 너희가 노래를 배우고 싶다면 내가 **가르쳐** 주마.

영감님, 그 혹에서 노래가 나오는 거죠? 혹을 우리에게 떼어 주세요.

가리키다	가르치다
손가락으로 무엇이 있는 방향이나 물건 등을 보게 하다.	지식이나 기술을 알게 하거나 익히게 하다.

✏️ 그림과 알맞은 낱말이 쓰인 문장을 이으세요.

❶ ·

· ㉠ 도깨비는 혹부리 영감의 얼굴에 달린 혹을 [가리키며] 말했어요.

❷ ·

· ㉡ 내가 노래를 [가르쳐] 줄게.

◉ 뜻에 맞게 쓰인 말에 ○표 하세요.

➊  신호등을 (가리키며 / 가르치며) 빨리 건너자고 했다.

➋  지금 몇 시인지 (가르쳐 / 가리켜) 주세요.

'가르치다'와 '가리키다'의
뜻을 다시 떠올려 보자.

◉ 빈칸에 들어갈 말을 보기 에서 골라 쓰세요.

보기

| 가르쳐 | 가르치고 |
| 가리켜 | 가리키고 |

➊ 내가 맞춤법을 [   ] 줄게.

➋ 시계의 바늘이 3시를 [   ] 있었다.

◉ 피아노 배울 사람을 구하는 안내문인데 잘못 쓰인 말이 있어요. 밑줄 친 말을 바르게 고쳐 쓰세요.

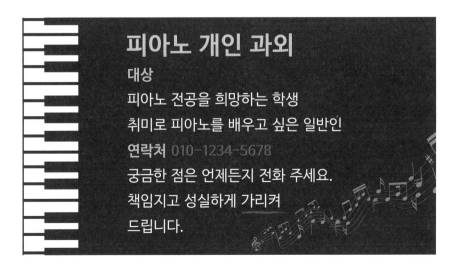

피아노 개인 과외
대상
피아노 전공을 희망하는 학생
취미로 피아노를 배우고 싶은 일반인
연락처 010-1234-5678
궁금한 점은 언제든지 전화 주세요.
책임지고 성실하게 가리켜
드립니다.

≫ 가리켜
→ [   ]

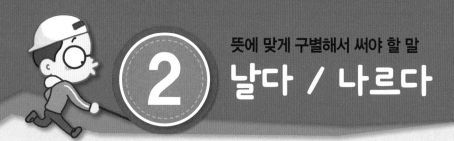
어휘가 쏙쏙

💡 "방귀쟁이 며느리" 이야기에서 시아버지가 동네 사람과 이야기를 하고 있네요. 무슨 이야기를 하는지 살펴보고, 색 글자로 된 두 낱말의 뜻을 알아보세요.

우리 며느리 방귀가 어찌나 센지 내가 하늘을 **날았지** 뭐요?

정말이요? 그럼 그 방귀로 이렇게 큰 짐도 **나를** 수 있겠네요?

날다	나르다
공중에 뜨거나 공중을 통해서 움직이다.	짐이나 사람을 한 곳에서 다른 곳으로 옮기다.

📝 그림과 알맞은 낱말이 쓰인 문장을 이으세요.

① •

• ㉠ 우리 며느리 방귀가 어찌나 센지 내가 하늘을 날았지 뭐요.

② •

• ㉡ 방귀로 이렇게 큰 짐도 나를 수 있겠네요.

◎ 뜻에 맞게 쓰인 말에 ○표 하세요.

①    비행기가 (날고 / 나르고) 있었습니다.

②    이삿짐을 (나르는 / 날르는) 것을 도왔습니다.

◎ 진이네 반 학급 신문인데 잘못 쓴 말이 있어요. 밑줄 친 말을 바르게 고친 것을 골라 빈칸에 옮겨 쓰세요.

급훈 사이좋은 우리 반	시끌벅적 **2학년 3반 이야기**	20○○년 5월 31일 제43호

공부방에서 봉사 활동

지난주 우리 2학년 3반 학생들은 사랑 공부방에 가서 봉사 활동을 하였습니다. 모두 힘을 합쳐 책 정리도 하고 짐도 **날으며**, 보람 있는 시간을 보냈습니다.

① 나르며   **②** 날르며   →

아빠도 가끔 헷갈려요

하늘을 나는 (○) / 하늘을 날으는 (X) / 하늘을 날는 (X)

'날다'는 문장에서 '날아서, 날고, 날지, 날면' 등의 형태로 쓰여요. 그런데 '날' 뒤에 '니', '는' 등이 오면 '날'의 ㄹ 받침이 없어진답니다.

例 (하늘을) 나니, (하늘을) 나는

3 다르다 / 틀리다

어휘가 쏙쏙

💡 "옹고집" 이야기에서 똑같이 생긴 옹고집 영감 둘이 사또를 찾아갔어요. 무슨 이야기를 하는지 살펴보고, 색 글자로 된 두 낱말의 뜻을 알아보세요.

다르다	틀리다
같지 않고 차이가 있다. 반 같다	사실이나 이치, 계산, 답 등이 맞지 않다. 반 맞다

✏️ 그림과 알맞은 낱말이 쓰인 문장을 이으세요.

①  ・

・ ㉠ 하나도 | 틀리지 | 않고 말할 수 있다.

② 시험지
①아버지: 옹송
②할아버지: 만송
3.손가락개수: 35개

・ ㉡ 두 사람의 | 다른 | 점을 찾아내겠다.

📝 그림을 보고, 색 글자와 반대되는 말을 빈칸에 쓰세요.

① 옷이 <u>같다</u>.  머리 색이 .

② 가장 쉬운 문제는 <u>맞혔어요</u>.  가장 어려운 문제는 _____ .

📝 현주의 알림장인데 잘못 쓴 말이 있어요. 밑줄 친 말을 바르게 고쳐 쓰세요.

4 월 9 일 금 요일	선생님 확인	보호자 확인
1. 받아쓰기 2번 연습해 오기		
2. 자동차와 자전거의 <u>틀린</u> 점 5개 찾아오기		
3. 수채화 물감과 붓 가져오기		

≫ 틀린 →

 아빠도 가끔 헷갈려요

나는 너와 다르다 (○) / 나는 너와 틀리다 (X)
'틀리다'는 맞지 않거나 바르지 않다는 뜻이고, '다르다'는 같지 않고 차이가 있다는 뜻이에요. 그러므로
'나는 너와 틀리다.'가 아니라 '나는 너와 다르다.'라고 써야 해요.

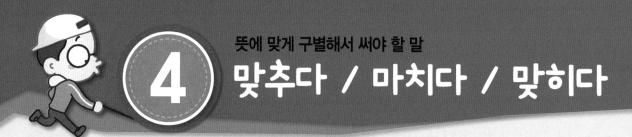

뜻에 맞게 구별해서 써야 할 말
4 맞추다 / 마치다 / 맞히다

어휘가 쏙쏙

💡 "호랑이와 피리 부는 나무꾼" 이야기에서 나무꾼이 아내와 이야기를 하고 있어요. 무슨 말을 하는지 살펴보고, 색 글자로 된 두 낱말의 뜻을 알아보세요.

호랑이들이 피리 소리에 **맞추어** 춤을 덩실덩실 추지 않겠소? 그 틈을 타서 얼른 도망쳤지요.

어휴, 피리가 아니었으면 큰일 날 뻔했네요.

나무꾼이 말을 마치자 아내가 안도의 한숨을 쉬었어요.

맞추다
어떤 기준이나 정도에 맞게 하다.

마치다
하던 일이나 과정을 끝내다.

📝 그림과 알맞은 낱말이 쓰인 문장을 이으세요.

❶ ·

· ㉠ 호랑이가 피리 소리에 맞추어 춤을 추었다.

❷ ·

· ㉡ 나무꾼이 일을 마치고 한숨 돌리고 있었다.

◎ 다음 낱말의 뜻을 보고, 빈칸에 들어갈 말을 고르세요.

맞히다
문제에 대한 답을 틀리지 않게 하다.
예 열 문제 중에서 세 개를 맞혔다.

이 수수께끼의 답을 _____ 봐!
❶ 맞혀 　　　❷ 마쳐

◎ 빈칸에 들어갈 말을 보기 에서 골라 쓰세요.

보기
맞추러　　　맞혀서　　　마치고

❶ 안경을 [　　　] 안경점에 갔어요.

❷ 수업을 [　　　] 나서 축구를 하러 가자.

❸ 퀴즈의 답을 모두 [　　　] 기분이 좋아요.

옷이나 신발, 안경
따위를 몸에 맞게 만들게 하는
경우에는 '맞추다'를 써야 해요.

◎ 학급 게시판에 교실 정리에 대한 안내문이 붙어 있는데, 잘못 쓴 말이 있어요.
밑줄 친 말을 바르게 고친 것을 골라 빈칸에 옮겨 쓰세요.

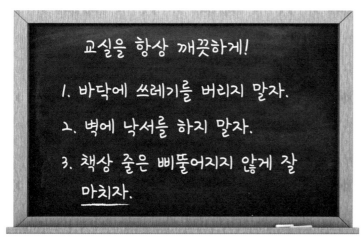

교실을 항상 깨끗하게!

1. 바닥에 쓰레기를 버리지 말자.
2. 벽에 낙서를 하지 말자.
3. 책상 줄은 삐뚤어지지 않게 잘
　 <u>마치자.</u>

열이나 차례 등을
똑바르게 하는 경우에도
'맞추다'를 써야 해요.

❶ 맞추자 　　❷ 맞히자 　→ [　][　][　][　][　]

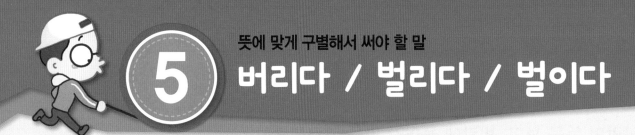

5 버리다 / 벌리다 / 벌이다

어휘가 쏙쏙

💡 "금을 버린 형제" 이야기에서 금덩이를 주운 형제가 배를 타고 가네요. 무슨 일이 있는지 살펴보고, 색 글자로 된 두 낱말의 뜻을 알아보세요.

아니! 왜 금덩이를 버리는 거냐?

금덩이 때문에 욕심이 생겨서 형을 미워했거든요. 금덩이가 없어야 우리가 사이좋게 살 수 있을 것 같아요.

동생은 금덩이를 강물에 버렸어요. 그러자 형이 놀라서 입을 크게 벌렸어요.

버리다	벌리다
가지거나 지니고 있을 필요가 없는 물건을 내던지거나 쏟거나 하다.	둘 사이를 넓히거나 멀게 하다.

📝 그림과 알맞은 낱말이 쓰인 문장을 이으세요.

1 •

2 •

• ㉠ 동생은 금덩이를 강물에
　 버렸어요 .

• ㉡ 형이 놀라서 입을 크게
　 벌렸어요 .

✎ 다음 낱말의 뜻을 보고, 빈칸에 들어갈 말을 고르세요.

벌이다
어떤 일을 시작하거나 펼쳐 놓다.
예 사업을 벌이다.

친구들과 생일잔치를 _____ .
❶ 벌였어요　　　❷ 버렸어요

✎ 뜻에 맞게 쓰인 말에 ○표 하세요.

❶  치과 치료를 받기 위해 입을 크게 (벌려요 / 버려요).

❷  빈 페트병은 분리수거해서 (버려요 / 벌려요).

✎ 지하철 이용 예절에 대한 안내문인데 잘못 쓴 말이 있어요. 밑줄 친 말을 바르게 고쳐 쓴 것을 고르세요.

◇ **모두가 즐거워지는 지하철 예절** ◇

하나, 사람들이 내리고 난 뒤에 타세요.
둘, 휴대 전화를 사용할 때에는 소곤소곤 작은 소리로 말해요.
셋, 두 다리를 <u>버리지</u> 말고 무릎을 모아 주세요.

❶ 벌리지　　　❷ 벌이지

119

6 앉다 / 않다

어휘가 쏙쏙

💡 "젊어지는 샘물" 이야기에서 할아버지가 욕심쟁이 영감과 이야기를 하고 있어요. 무슨 말을 하는지 살펴보고, 색 글자로 된 두 낱말의 뜻을 알아보세요.

할아버지가 젊어졌다는 소문을 듣고 욕심쟁이 영감이 찾아왔어요.

> 아니, 어떻게 이렇게 젊어지셨소?

> 웬 파랑새가 나무 위에 **앉아**서 울고 있다가 순간 날아가더이다. 그 파랑새를 따라가 보니 새는 보이지 **않고** 맑은 샘물이 있었소. 그 샘물을 마셨더니 이렇게 젊어졌다오.

앉다
엉덩이를 바닥에 붙이고 윗몸을 세우다.

않다
'아니하다'의 준말로, 앞말이 뜻하는 행동이나 상태를 부정하는 뜻을 나타내는 말.

✏️ 그림과 알맞은 낱말이 쓰인 문장을 이으세요.

❶ •

❷ •

• ㉠ 파랑새가 나무 위에 앉아서 울고 있었소.

• ㉡ 파랑새는 보이지 않고 맑은 샘물만 있었소.

✍ 뜻에 맞게 쓰인 말에 ◯표 하세요.

❶ 잠깐 (앉아서 / 않아서) 쉬었다 가자.

❷ 비가 오지 (앉아서 / 않아서) 논이 말랐어요.

✍ 새로 나온 의자를 광고하는 글인데 잘못 쓴 말이 있어요. 밑줄 친 말을 바르게 고쳐 쓰세요.

NEW

쭉쭉 의자가 새로 나왔어요!

의자가 편안해야 공부가 잘 됩니다.

쭉쭉 의자는 오래 ❶<u>앉아</u> 있어도 불편하지 ❷<u>안아요</u>.

허리가 쭉쭉 펴지는 쭉쭉 의자!

지금 주문하세요!

❶ 앉아 →

❷ 안아요 →

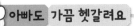

아빠도 가끔 헷갈려요

말을 안 하고(◯) / 말을 않 하고(✕)

'안'은 '아니'의 준말이고, '않(다)'는 '아니하(다)'의 준말이에요. 그러므로 '안 하고(=아니 하고)'가 맞는 말이고, '않 하고(=아니하 하고)'는 틀린 말이에요.

📍 안 먹어(◯), 않 먹어(✕) / 안 해(◯), 않 해(✕)

121

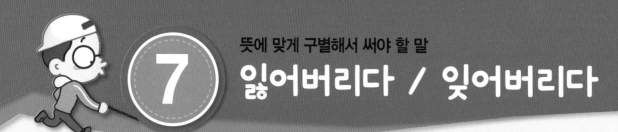

"선녀와 나무꾼" 이야기에서 나무꾼이 사슴과 이야기하고 있어요. 무슨 말을 하는지 살펴보고, 색 글자로 된 두 낱말의 뜻을 알아보세요.

사슴은 사냥꾼에게 쫓기다가 나무꾼이
숨겨 주어 목숨을 구했어요.

선녀는 날개옷을 **잃어버리면** 하늘나라로 못 돌아가니, 날개옷을 감추고 선녀와 결혼하세요. 그리고 아이 셋을 낳을 때까지는 옷을 숨겨야 하는 것을 **잊어버리지** 마세요.

그래, 알겠다.

잃어버리다
가졌던 물건이 자기도 모르게 없어져 그것을 갖지 못하게 되다.

잊어버리다
알거나 들었던 것을 기억하지 못하다.

그림과 알맞은 낱말이 쓰인 문장을 이으세요.

❶

㉠ 선녀는 날개옷을 잃어버리면 하늘나라로 못 돌아가요.

❷

뭐라고 했지?

㉡ 옷을 숨겨야 하는 것을 잊어버리지 마세요.

◉ 뜻에 맞게 쓰인 말에 ○표 하세요.

 ❶ 감기에 걸려 입맛을 (잃어버렸다 / 잊어버렸다).

 ❷ 선생님이 질문하는 순간 답을 (잊어버렸다 / 잃어버렸다).

◉ 주어진 말이 문장에서 바르게 쓰인 것을 고르세요.

❶ | 잊어버리다 |
　㉠ 부모님 은혜를 <u>잊어버리지</u> 않을게요.
　㉡ 힘든 일이 있어도 용기를 <u>잊어버리지</u> 말자.

❷ | 잃어버리다 |
　㉠ 오늘이 엄마 생신인데 깜박 <u>잃어버렸어요</u>.
　㉡ 빨간 지갑을 <u>잃어버린</u> 학생은 교무실로 오세요.

◉ 분실물 센터 앞에 붙은 안내문인데 잘못 쓴 말이 있어요. 밑줄 친 말을 바르게 고쳐 쓰세요.

앗! 휴게소에서 물건을 두고 왔다면?

잊어버린 물건,
분실물 센터에서 찾자!

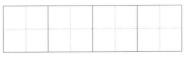 분실물, 이제는 한국도로공사에서 찾으세요!

'분실물'이란
잃어버린 물건을 말해요.

》》 잊어버린 → | | | | |

8 적다 / 작다

어휘가 쏙쏙

💡 "아홉 살짜리 사또" 이야기에서 사또와 이방이 이야기하고 있어요. 무슨 말을 하는지 살펴보고, 색 글자로 된 두 낱말의 뜻을 알아보세요.

이방은 사또의 나이가 적다고 늘 무시했어요. 그래서 사또는 이방에게
수숫대를 소매에 넣어 보라고 했어요.

> 사또, 수숫대가 들어가지 않습니다요.

> 내가 비록 어리고 키도 작지만 9년이나 살았어요. 1년 자란 수숫대도 소매에 넣지 못하면서 어찌 나를 무시하십니까?

적다	작다
물건의 수효나 분량이 보통보다 못하다.	물건의 길이, 부피, 높이 따위의 크기가 보통보다 못하다. 🔄 크다

✏️ 그림과 알맞은 낱말이 쓰인 문장을 이으세요.

 ❶ ·

· ㉠ 이방은 사또의 나이가 적다고 무시했어요.

 ❷  ·

> 아직 어리니 조금 드시죠?

· ㉡ 내가 비록 키가 작지만 9년이나 살았어요.

🖊 서로 반대되는 문장이 되도록 빈칸에 알맞은 말을 보기 에서 골라 쓰세요.

보기			
작다	적다	적어서	작아서

❶　　글씨가 <u>크다</u>.　　　　↔　　　글씨가 ⬚ .

❷　　사람이 <u>많아서</u> 시끄럽다.　↔　　사람이 ⬚ 조용하다.

🖊 수지가 부모님께 쓴 쪽지인데 잘못 쓴 말이 있어요. 밑줄 친 말을 바르게 고쳐 쓰세요.

엄마, 저 수지예요.

저 운동화 하나만 사 주세요.

제가 요즘 신발이 <u>적어서</u> 걸어 다닐

때마다 발가락이 아파요. 아무래도 발

이 큰 거 같아요.

예쁜 운동화 하나만 사 주세요. 네?

이번 주말에 같이 사러 갈까요?

엄마, 제발요~~~~~~!!

예쁜 딸 수지 올림

'작다'는 길이,
부피, 높이 따위가
보통보다 못하다는 뜻이죠.

》 적어서 → ⬚⬚⬚⬚

01

밑줄 친 말이 바르게 쓰인 것에는 ○표, 잘못 쓰인 것에는 ✕표 하세요.

❶ 누나가 노래를 **가리켜** 주었어.   (   )

❷ 형이 손으로 학교를 **가리켰다**.   (   )

❸ 누가 너에게 한글을 **가르쳐** 주었니?   (   )

❹ 아저씨가 이삿짐을 **날고** 있어요.   (   )

❺ 새들이 떼를 지어 하늘을 **날아요**.   (   )

02

맞춤법에 맞는 말에 ○표 하세요.

❶ 거스름돈 계산이 틀렸나 : 달랐나 봐요.

❷ 수업을 마치고 : 맞추고 나서 공놀이를 하자.

❸ 오렌지와 귤의 틀린 : 다른 점을 말해 보아라.

❹ 수학 문제를 다 마쳐서 : 맞혀서 기분이 좋아요.

❺ 이 짐을 다 나르면 : 날면 아이스크림을 사 주마.

03

빈칸에 들어갈 말을 알맞게 이으세요.

❶ 입을 크게 ☐☐☐ 하품을 해요.   ·   · ㉠ 버리고

❷ 휴지는 쓰레기통에 ☐☐☐ 와.   ·   · ㉡ 벌리고

❸ 지금 우리는 생일 파티를 ☐☐☐ 있어.   ·   · ㉢ 벌이고

04

빈칸에 알맞은 말을 보기 에서 골라 쓰세요.

보기		
앉아	않아요	잊어버리면
않아	안아요	잃어버리면

❶ 모두 자리에 ☐☐ 주세요.

❷ 이제는 배가 아프지 ☐☐☐.

❸ 약속 시간을 ☐☐☐☐☐ 안 돼.

05

빈칸에 들어갈 알맞은 말을 골라 쓰세요.

❶ | 틀린 | 다른 |

- 자동차와 자전거의 [　　][　　] 점을 찾아보세요.

❷ | 마친 | 맞춘 |

- 숙제를 [　　][　　] 후에 떡볶이를 먹었다.

❸ | 마친 | 맞힌 |

- 퀴즈의 답을 모두 [　　][　　] 사람이 있나요?

❹ | 다른 | 틀린 |

- 이 문제를 [　　][　　] 사람 있나요?

06

밑줄 친 말을 바르게 고쳐 쓰세요.

❶ 나이는 내가 **작지만**, 키는 형보다 내가 더 커.

→ [　　][　　][　　]

❷ 어젯밤 꿈에 길을 **잊고** 헤맸어요.

→ [　　][　　]

◆ **다음 글을 읽고 물음에 답하세요.(7~9)**

> ### 지하철 이용, 이렇게 해요!
>
> ■ 사람들이 내리고 난 뒤에 타세요.
>
> ■ 자리에 ㉠**앉아** 있을 때에는 두 다리를 ㉡**벌이지** 말고 무릎을 모아 주세요.
>
> ■ 짐을 ㉢**날을** 때에는 사람들에게 피해를 주지 ㉣**않도록** 하세요.
>
> ■ [　㉤　] 물건이 있을 때에는 분실물 센터로 연락해 주세요.

07

㉠~㉢ 중에서 맞춤법에 맞게 쓴 말에 ◯표 하세요.

❶ ㉠ 앉아 (　　　)　　❷ ㉡ 벌이지 (　　　)

❸ ㉢ 날을 (　　　)

08

㉣이 바르게 쓰인 것을 고르세요. (　　　)

❶ 자리에 앉을 때에는 바른 자세로 **앉도록** 합니다.

❷ 공중 목욕탕에서는 다른 사람에게 물을 튀기지 **않도록** 주의합니다.

09

㉤에 들어갈 알맞은 말에 ◯표 하세요.

| 잊어버린 | 잃어버린 |

말놀이

공부하느라 힘들었죠? 쉬면서 말놀이를 해 볼까요?
조개가 가는 길을 따라가면서 '기'가 붙어서 만들어진 낱말을 알아보아요.

굵다 　 달리다 　 더하다 　 돋보다 　 받아쓰다

기

어서 오세요.
조개 속 낱말 뒤에
'기'를 붙여 볼까요?

굵기 　 더하기 　 돋보기 　 받아쓰기 　 달리기

나도 만들 수 있어요!

술래 + 잡다 　 ➕ 　 기 　 →

정답

맞춤법과
띄어쓰기는
이제 식은 죽
먹기지!

1 받침이 뒤로 넘어가서 소리 나는 말 1

1 ㄱ 받침을 살려 써요!

실력이 쑥쑥 p. 16

- ✎ ❶ ㉡ 이것은 국어 교과서야.
    ❷ ㉡ 사진을 찍어요.
- ✎ ❶ 저녁에 ❷ 지각을 ❸ 작아요 ❹ 식어서

살펴봐 꼼꼼 p. 17

- ✎ ❶ 댁에 ❷ 가족이 ❸ 먹으러

2 ㄴ 받침을 살려 써요!

실력이 쑥쑥 p. 20

- ✎ ❶ 3반이에요 ❷ 용돈을 ❸ 건어물
- ✎ ❶ 창문을 ❷ 사냥꾼에게 ❸ 기린이다

살펴봐 꼼꼼 p. 21

- ✎ ❶ 안에서 ❷ 산이 ❸ 때문이다 ❹ 산은

3 ㄷ 받침을 살려 써요!

실력이 쑥쑥 p. 24

- ✎ ❶ 굳어서 ❷ 얻어먹고
- ✎ ❶ 믿어 ❷ 묻어서 ❸ 걷어

살펴봐 꼼꼼 p. 25

- ✎ ❶ 닫으라고 ❷ 믿을 ❸ 묻어

4 ㄹ, ㅁ 받침을 살려 써요!

실력이 쑥쑥 p. 28

- ✎ ❶ ㉡ 일요일 ❷ ㉡ 넘어지다
- ✎ ❶ 울음을 ❷ 그림이야 ❸ 덜어서 ❹ 놀아야지

살펴봐 꼼꼼 p. 29

- ✎ ❶ 돌아갈까 ❷ 말씀을 ❸ 들어가지

1 띄어쓰기 특강 p. 30~31

- ✎ 1. ❶ 형이 띄어쓰기를 하지 않았기 때문에
    2. ❶ ㉠ ❷ ㉡
- ✎ 1. ❷ 예지
    2. ❶ 바르게 띄어 썼기 때문에
    3. ❶ 원칙에 맞게 띄어 써요.

1 종합평가 p. 32~33

01 ❶ O ❷ X ❸ X ❹ O ❺ O
02 ❶ ㉡ 눈으로 ❷ ㉠ 국은 ❸ ㉠ 참외를 ❹ ㉡ 닫으면
   ❺ ㉡ 동굴에
03 ❶ 믿어 ❷ 일요일 ❸ 먹어서 ❹ 용돈을 ❺ 넘어지고
04 ❶ ㄱ ❷ ㄴ ❸ ㄷ ❹ ㄹ
05 ❶ 떡＋이 ❷ 손＋을 ❸ 꿈＋을
06 ❶ 연예인 ❷ 넘어졌어요 ❸ 작아요 ❹ 녹으려고
07 ❶ 때문에 ❷ 기침이
08 ❶ 약＋이 ❷ 꿀물＋을

1 받침이 뒤로 넘어가서 소리 나는 말 2

5 ㅂ, ㅅ 받침을 살려 써요!

p. 36

✎ ❶ 빗으로
　❷ 손톱이

✎ ❶ 답안지 ❷ 깨끗이, 씻어라 ❸ 집어

살펴봐 꼼꼼

p. 37

✎ ❶ 지갑은 ❷ 벗을 ❸ 면장갑을 ❹ 곳에서는

6 ㅈ, ㅊ 받침을 살려 써요!

실력이 쑥쑥

p. 40

✎ ❶ 낮이, 잊으신 ❷ 젖어, 쫓아오는

살펴봐 꼼꼼

p. 41

✎ ❶ 낮에는 ❷ 햇빛을 ❸ 찾아오지도

7 ㅋ, ㅌ, ㅍ 받침을 살려 써요!

실력이 쑥쑥

p. 44

✎ ❶ ㉡ 우물 밑에 무엇이 있을까?
　❷ ㉠ 깊은 산속 옹달샘 누가 와서 먹나요?

✎ ❶ 맡아 ❷ 높아서 ❸ 새벽녘에

살펴봐 꼼꼼

p. 45

✎ ❶ 맡아 ❷ 부엌에서 ❸ 싶어서 ❹ 밑으로

8 ㄲ, ㅆ 받침을 살려 써요!

실력이 쑥쑥

p. 48

✎ ❶ ㉠ 드디어 숙제를 다 했어요.
　❷ ㉡ 가족과 함께 놀이공원에 갔어요.

✎ ❶ 잤어요 ❷ 심었어요 ❸ 닭볶음탕, 주셨어요

살펴봐 꼼꼼

p. 49

✎ ❶ 깎아요 ❷ 준비됐으면 ❸ 볶아요

2 띄어쓰기 특강

p. 50~51

✎ 3. 가방, 무거워, 모자

✎ 1. ❸ 2. ❷

✎ 1. ❶ 2. ❷

✎ 1. 깡충깡충ⅴ아기ⅴ토끼
　2. 우리ⅴ엄마는ⅴ간호사입니다.

✎ 1. 보름달이ⅴ둥실ⅴ떴구나.
　2. 새가ⅴ즐겁게ⅴ노래해요.

2 종합 평가

p. 52~53

01 ❶ ㅂ ❷ ㅅ ❸ ㅊ ❹ ㄲ

02 ❶ X ❷ O ❸ X ❹ O ❺ X

03 ❶ 콩밥을 ❷ 높아서 ❸ 낮아서 ❹ 씻어서 ❺ 햇빛을

04 ❶ 맡아서 ❷ 싶어서 ❸ 한낮에는 ❹ 깎으려고

05 ❶ ㉡ 발톱이 ❷ ㉢ 섞이지 ❸ ㉠ 탔어요
　❹ ㉠ 싶어요

06 ❶ 볶음 ❷ 밖에 ❸ 찾아와 ❹ 붙어

07 겁이

08 ❶ 밑으로 ❷ 숲에서

09 ㉣ 있으시면 ㉤ 찾아

말놀이 책꽂이
p. 54

2 받침이 대표 소리로 나는 말

1 받침이 [ㄱ]으로 소리 나요!

실력이 쑥쑥 ·· p. 58

✎ ❶ 낚시
　 ❷ 들녘
　 ❸ 닦다

✎ ❶ 엮다　❷ 묶고　❸ 겪고

살펴봐 꼼꼼 ·· p. 59

✎ ❶ 닦고　❷ 동녘　❸ 닦지

2 받침이 [ㄷ]으로 소리 나요!

실력이 쑥쑥 ·· p. 62

✎ ❶ 뙤약볕　❷ 젓가락질

✎ ❶ 티읕　❷ 맛, 호박엿　❸ 몇　❹ 맞춤법

살펴봐 꼼꼼 ·· p. 63

✎ ❶ 낮잠　❷ 햇볕　❸ 따뜻해요

3 받침이 [ㅂ]으로 소리 나요!

실력이 쑥쑥 ·· p. 66

✎ ❶ 잎사귀　❷ 짚신

✎ ❶ 앞구르기　❷ 앞산　❸ 엎드리지

살펴봐 꼼꼼 ·· p. 67

✎ ❶ 볏짚　❷ 숲속　❸ 앞문

3 띄어쓰기 특강 ·········· p. 68~69

✎ 1. 이, 을
　 2. 으로, 까지
　 3. 가, 의, 를

✎ 1. ❸
　 2. ❸

✎ 1. ❶
　 2. ❶

✎ 1. 할머니께서∨떡을∨주셨다.
　 2. 수지도∨집으로∨갔어요.

✎ 1. 풍선이∨하늘로∨날아가요.
　 2. 소미는∨아침에∨운동을∨해요.

3 종합 평가 ·········· p.70~71

01　❶ ○　❷ X　❸ X　❹ X　❺ ○
02　❶ ㅂ　❷ ㄷ　❸ ㄱ
03　❶ 꽃밭　❷ 부엌　❸ 젖소
04　❶ 키읔　❷ 티읕　❸ 피읖　❹ 치읓
05　❶ 맡고　❷ 맛　❸ 무릎
06　❶ 옆집　❷ 낚시　❸ 가마솥　❹ 햇빛
07　❹ 몇
08　늦겠는데
09　ⓒ 싶고　ⓔ 싶어요

말놀이　기쁨 ·· p. 72

③ 된소리가 나는 말

① ㄱ, ㄷ, ㅂ 받침 뒤에 나는 된소리

실력이 쑥쑥 .... p. 76

- ❶ 독수리
  ❷ 쓰레받기
  ❸ 고속도로
- ❶ 밥솥, 저녁밥, 음식점
  ❷ 급식, 미역국, 깍두기

살펴봐 꼼꼼 .... p. 77

- ❶ 축구 ❷ 옥수수 ❸ 술래잡기 ❹ 모닥불

② ㄴ, ㄹ, ㅁ, ㅇ 받침 뒤에 나는 된소리

실력이 쑥쑥 .... p. 80

- ❶ ⓒ 산불 ❷ ㉠ 산봉우리 ❸ ㉠ 열심히
- ❶ 발바닥 ❷ 남지 ❸ 안고

살펴봐 꼼꼼 .... p. 81

- ❶ 김밥 ❷ 밀가루 ❸ 빵집

④ 띄어쓰기 특강
p. 82~83

- 1. 빨간 2. 시원한 3. 큰
  4. 재미있게 5. 예쁘게 6. 반짝반짝, 빛나는
- 1. ❷
  2. ❸
- 1. ❷
  2. ❶
- 1. 귀여운∨강아지가∨따라와요.
  2. 나는∨매운∨음식을∨좋아해요.
- 1. 소진이가∨열심히∨공부해요.
  2. 친절한∨아저씨를∨공원에서∨만났어.

④ 종합 평가
p. 84~85

01 ❶ 김밥 ❷ 돋보기 ❸ 모닥불
02 ❶ 잡고 ❷ 발바닥 ❸ 찍지 ❹ 금덩이 ❺ 깍두기
03 ❶ 덧셈 ❷ 음식점 ❸ 몹시
04 ❶ 국수 ❷ 입다 ❸ 담벼락 ❹ 물방울
05 ❶ 술래잡기 ❷ 열심히 ❸ 독수리 ❹ 고속도로
06 ❶ 축구 ❷ 눈사람 ❸ 등불 ❹ 돋보기
07 미역국
08 먹고
09 학교
10 ❶ 인기상

말놀이 얼음 .... p. 86

4 헷갈리기 쉬운 낱말

1 ㅐ와 ㅔ가 들어 있는 낱말

실력이 쑥쑥 .... p. 90

✎ ❶ 문제　❷ 세수

✎ ❶ 소개　❷ 노래　❸ 자세　❹ 한테　❺ 에게

살펴봐 꼼꼼 .... p. 91

✎ 3. 베고　4. 개　6. 그래서

2 ㅖ가 들어 있는 낱말

실력이 쑥쑥 .... p. 94

✎ ❶ 예식장　❷ 계량컵　❸ 계곡

✎ ❶ 폐지　❷ 외계인　❸ 계획표　❹ 계속

살펴봐 꼼꼼 .... p. 95

✎ 1. 계십니다　4. 기계　6. 은혜

3 ㅘ가 들어 있는 낱말

실력이 쑥쑥 .... p. 98

✎ ❶ 화장실　❷ 관심

✎ ❶ 고와요　❷ 봐　❸ 화장　❹ 사과　❺ 좌석

살펴봐 꼼꼼 .... p. 99

✎ 1. 봐요　4. 왕관　6. 제과점

4 ㅝ가 들어 있는 낱말

실력이 쑥쑥 .... p. 102

✎ ❶ 원　❷ 권

✎ ❶ 나눠　❷ 아름다워요　❸ 뭘　❹ 고마워요

살펴봐 꼼꼼 .... p. 103

✎ 1. 궁궐　3. 소원　5. 귀여워요

5 띄어쓰기 특강　p. 104~105

✎ 1. 마리　2. 그루　3. 벌

✎ 1. ❷
　2. ❶

✎ 1. 운동화∨두∨켤레가∨있어요.
　2. 나는∨지금∨아홉∨살이다.
　3. 고구마∨한∨개만∨먹을게.

✎ 1. 마당에∨꽃∨세∨송이를∨심었다.
　2. 문방구에서∨연필∨두∨자루를∨샀다.

5 종합 평가　p.106~107

01　❶ X　❷ O　❸ X　❹ O　❺ O

02　❶ 운동화　❷ 쓰레기통　❸ 계단

03　❶ 좌석　❷ 원래　❸ 채소　❹ 계절

04　❶ ㉠ 시계　❷ ㉡ 그네　❸ ㉠ 배추　❹ ㉡ 은혜

05　❶ 뭐　❷ 폐지　❸ 한테　❹ 나눠　❺ 그래서

06　❶ 개　❷ 관심　❸ 뭘　❹ 소개

07　❶ O　❷ O　❸ X

08　계속

09　권

말놀이　오줌싸개 .... p. 108

134

5 뜻에 맞게 구별해서 써야 할 말

1 가리키다 / 가르치다

어휘가 쏙쏙 ———————————————— p. 110

✎ ❶ ㉠ 가리키며 ❷ ㉡ 가르쳐

의미가 콕콕 ———————————————— p. 111

✎ ❶ 가리키며 ❷ 가르쳐

✎ ❶ 가르쳐 ❷ 가리키고

✎ 가르쳐

4 맞추다 / 마치다 / 맞히다

어휘가 쏙쏙 ———————————————— p. 116

✎ ❶ ㉡ 마치고 ❷ ㉠ 맞추어

의미가 콕콕 ———————————————— p. 117

✎ ❶ 맞혀

✎ ❶ 맞추러 ❷ 마치고 ❸ 맞혀서

✎ ❶ 맞추자

2 날다 / 나르다

어휘가 쏙쏙 ———————————————— p. 112

✎ ❶ ㉠ 날았지 ❷ ㉡ 나를

의미가 콕콕 ———————————————— p. 113

✎ ❶ 날고 ❷ 나르는

✎ ❶ 나르며

5 버리다 / 벌리다 / 벌이다

어휘가 쏙쏙 ———————————————— p. 118

✎ ❶ ㉡ 벌렸어요 ❷ ㉠ 버렸어요

의미가 콕콕 ———————————————— p. 119

✎ ❶ 벌였어요

✎ ❶ 벌려요 ❷ 버려요

✎ ❶ 벌리지

3 다르다 / 틀리다

어휘가 쏙쏙 ———————————————— p. 114

✎ ❶ ㉡ 다른 ❷ ㉠ 틀리지

의미가 콕콕 ———————————————— p. 115

✎ ❶ 다르다 ❷ 틀렸어요

✎ 다른

6 앉다 / 않다

어휘가 쏙쏙 ———————————————— p. 120

✎ ❶ ㉠ 앉아서 ❷ ㉡ 않고

의미가 콕콕 ———————————————— p. 121

✎ ❶ 앉아서 ❷ 않아서

✎ ❶ 앉아 ❷ 않아요

⑦ 잃어버리다 / 잊어버리다

어휘가 쏙쏙 ⸻⸻⸻⸻⸻⸻ p. 122

✎ ❶ ㉠ 잃어버리면   ❷ ㉡ 잊어버리지

의미가 콕콕 ⸻⸻⸻⸻⸻⸻ p. 123

✎ ❶ 잃어버렸다   ❷ 잊어버렸다

✎ ❶ ㉠ 부모님 은혜를 잊어버리지 않을게요.
　❷ ㉡ 빨간 지갑을 잃어버린 학생은 교무실로 오세요.

✎ 잃어버린

⑧ 적다 / 작다

어휘가 쏙쏙 ⸻⸻⸻⸻⸻⸻ p. 124

✎ ❶ ㉡ 작지만   ❷ ㉠ 적다고

의미가 콕콕 ⸻⸻⸻⸻⸻⸻ p. 125

✎ ❶ 작다   ❷ 적어서

✎ 작아서

⑥ 종합 평가　　　　　　p.126~127

01　❶ X　❷ O　❸ O　❹ X　❺ O

02　❶ 틀렸나　❷ 마치고　❸ 다른　❹ 맞혀서　❺ 나르면

03　❶ ㉡ 벌리고　❷ ㉠ 버리고　❸ ㉢ 벌이고

04　❶ 앉아　❷ 않아요　❸ 잊어버리면

05　❶ 다른　❷ 마친　❸ 맞힌　❹ 틀린

06　❶ 적지만　❷ 잃고

07　❶ O

08　❷

09　잃어버린

말놀이 술래잡기 ⸻⸻⸻⸻⸻⸻ p. 128